JN075858

ニッポンのムスリムが自爆する時

日本・イスラーム・宗教

松山洋平

作品社

松山洋平

ニッポンのムスリムが自爆する時

日本・イスラーム・宗教

作品社

بسم الله الرحمن الرحيم

الحمد لله رب العالمين

والصلاة والسلام على نبينا محمد وعلى آله وصحبه أجمعين

ニッポンのムスリムが自爆する時＊目次

III 宗教

凡例

一、引用文中の〔……〕は、引用者による省略である。
一、引用文中の〔 〕は、引用者による補いである。
一、クルアーン（コーラン）の邦訳は作品社版を基礎とし、一部引用者によって手を加えた。

はじめに

たとえば今日の日本で、ムスリム（イスラーム教徒）による「テロ」が起きたとする。そのとき私たちは、何を、どのように議論することができるだろうか？　そのときが来たとき、社会の喧噪の中で、私たちは「排斥」以外の言葉を耳にする／口にすることができるだろうか？　本書に収録したエッセイはいずれも、何らかの形でこのような空想上の問いに繋がっている。

もちろん、「ムスリムによるテロが起きたとき」という表現は比喩だ。実際に私が意図しているのは「ムスリムへのバッシングが強まる契機が発生した状況」、より直接的な表現を用いれば、「ムスリムへの差別や暴力が社会に顕在化する状況」である。

では、なぜそのような状況を仮定するのか。それは、混乱の状況下でまだなお理性的な議論が可能となる状態を目指すことが、平時における言論を豊かにすることにも繋がっていくからである。

そして私は、イスラーム教に関わる議論の切り口が複数化し、さまざまな論点から意見が発されることが、混乱した状況下にあっても理性的な議論が成り立つための一つの条件であると考えている。「ニッポンのムスリムが自爆する時」という「不穏な」タイトルを付した本書に多様な主題のエッセイを収録したのは、そのような考えによる。

本書に収録したエッセイは、神学や法学、文学、ムスリムとの対話、翻訳論、日本とイスラーム教の関係など、それぞれ異なる主題を扱っている。「テロ」の問題を直接取り上げているわけではない。

いずれのエッセイも、日本の読者に、イスラーム教について考えるための新しい視点を得ていただくことを目的に書かれている。それがどのような視点になるのかは、読者一人ひとりの関心によって異なってくるだろう。しかし、それがどのようなものであれ、イスラーム教を見るための視点がこの社会の中に増えていくことが、ムスリムによる「テロ」が起きたとき（繰り返すが、これは比喩である）に、「排斥」以外の言葉が顕れることに繋がっていくものと思っている。イスラーム教について発される声の多声化に、本書がわずかでも貢献することができれば嬉しく思う。

本書は三つのパートに分かれている。「I　日本」には、日本の中のイスラーム教をテーマとした四つのエッセイを、「II　イスラーム」には、イスラーム教の信条や宗教実践に直接関わる四つのエッセイを、「III　宗教」には、イスラーム教を通して「宗教」の意味について考えるため四つのエッセイを収録している。

ただし、この三つの区分はまったく厳密なものではない。たとえば、「III　宗教」に収録したエッセイを読みながら「日本の中のイスラーム教」について考えることもできるし、「II　イスラーム」に収録したエッセイを読みながら、日本の宗教文化について考えることもできる。また、各々のエッセイは独立しているので、どのような順序で読んでも差し支えない。読者の関心にしたがって、自由にお読みいただきたい。

付録として、三つの文章の翻訳を収録している。一つ目は、キリスト教徒からムスリムに改宗した明治生まれの日本人ムスリム、有賀文八郎（ありがぶんぱちろう）が書いた手記の現代語訳、二つ目は、イスラーム教神学の古典から、「信じること」はどのような条件で成立するのかを説明した箇所の邦訳、三つ目は、イスラーム教の精神修養に関わる著作から、心を清め、神に誠実に向き合うことの重要性を説く箇所の邦訳である。いずれも、本書に収めた一部のエッセイと内容的な関わりがある。

本論に入る前に、あらかじめ確認しておきたいことが二つある。

一つ目は私のポジショナリティーについてである。本邦においてイスラーム教について書かれる文章では、ムスリムを「彼ら」、日本人を「私たち」として表象するのが一般的だ。しかし、私は日本人であると同時に、イスラーム教を信仰するムスリムでもある。そのため、「イスラーム教」や「ムスリム」を、「日本」や「日本人」にとっての「他者」とは考えていない。もちろん、ムスリムの著者であっても、方法論的に、ムスリムを「彼ら」と捉える立場をとることは可能である。しかし、本書ではそのような立場はとらなかった。本書に収めたエッセイのテーマには、ムスリムとしての当事者性が問われるものも含まれているからである。いくつかのエッセイにおいて、イスラーム教を「他者」として扱わない語調に違和感を感じる読者もいるかもしれないが、本書が一人の日本人ムスリムによって書かれたものであることを念頭に置いていただきたい。

二つ目は、本書における「イスラーム教」という表記についてである。現代の日本では、「教」の文字を付けない「イスラーム」（あるいは「イスラム」）という表記も広く採用されている。読者の中にも、「イスラーム」に「教」の文字を付けるのは不適当だと考える人がいるかもしれない（この問題は、本書の最後に収録したエッセイで扱っている）。私自身はどちらか一方の表記を強く支持する立場にはないが、本書に収めたエッセイの本文中では「イスラーム教」表記を採用することにした。それは、「イスラーム」という言葉を、中東を中心とした地理的な広がりとしてではなく、クルアーンとムハンマドの教えに基礎づけられた「宗教」を指す言葉として用いることを明確にしておきたかったからである。「教」を付けない「イスラーム」という言葉は、宗教の名称としてではなく、「中東地域」や「イスラーム諸国」とほぼ同義で、さらには、その地域の人々のさまざまな営みを含めた意味で用いられることも多い。あるいは、特定の政治的勢力として用いられる場合もある。そのため、「イスラーム」という言葉によって何を意味するのかがはっきりせず、紛らわしい。読者の便宜のためにも、曖昧さを回避する表記を採用したことをご了解いただきたい。

I 日本

Ⅰ　大日本帝国の汎イスラーム主義者

満州国の五十万、支那の三千万、東印度の五千万、比島の五十万、泰の五十万のイスラム教徒と互に手に手をとって吾が国が、イスラム教徒覚醒運動史上におけるこの伝統をさらに発展させ、ただに東亜のみならず、世界イスラム教徒の圧制者たる英国打倒の大業に邁進する義務と決意とを有することはいうまでもない。問題は、この日本の決意を掬み、これに協力する世界イスラム教徒の覚悟にある。吾等は世界三億のイスラム教徒がイブラーヒーム翁の檄に応え、その強烈無比なる信仰を武力化し、諸君の頭上に君臨する不信者英国並びにその共犯米国に対し、コーランの教える如く「汝らやがて討ち破らるべし、地獄へ追わるべし」と叫んで躍起せんことを庶幾して止まないものである。

——『読売新聞』一九四四年四月二六日、社説「世界のイスラム教徒奮起せよ！」[1]

東京都府中市に、多磨霊園という公営墓地がある。西武多摩川線を多磨駅で降り、十分ほど歩くと、大きな松の植えられた霊園の入り口にたどりつく。園内は区画整備され、多くの樹木が植えられている。豊かな緑地を確保するために、墓地自体の面積は敷地全体の五〇パーセント以下に抑えられているという。[2] 春には桜が満開となり、秋には紅葉の色に墓地が染まる。園の周囲には背の高い建物がないため、季節ごとに色を変えるこれらの木々が、青空の下でよく映えて美しい。園全体の設計のみならず、個々の墓もユニークなデザインのものが多く、目を奪われる。多磨霊園の造形は、近代の日本において、霊園を建設する際の理想的なモデルとされてきた。[3]

多磨霊園は日本で初めて造られた公園墓地である。[4] この種の墓地の建設は、仏教から距離をとった明治政府による新国家建設の過程で求められた事業だった。[5] 一時は建設計画が滞ったが、東京市の人口増加という現実的課題に後押しされ、市の一大事業として大正一二年に開設が実現している（なお、設立当時の名称は多磨墓地である）。

現在、霊園の面積は一二八万二三七平方メートルと広大で、四〇万を超える人々が埋葬されている。[6] 著名人の墓も多い。特別区画として設けられた名誉霊域には、東郷平八郎、山本五十六、古賀峯一（いずれも海軍大将）三名の墓がある。その他、高橋是清や西園寺公望といった政治家、与謝野晶子や三島由紀夫といった歌人や小説家、その他、実業家、芸術家など、霊園のあちこちに各界の著名人が眠っている。[7] 多磨霊園は、単に日本の公園墓地建築を代表するというだけでなく、明治以降、近代日本が歩んだ歴史の一端を記憶する施設であるとも言える。

多磨霊園のムスリム墓地

霊園の正面入り口から見て斜め右の方向に少し歩いた所に、「外人墓地」という区画がある。宗教や国を基準にいくつかの墓のまとまりが作られていて、十字の付いたキリスト教の墓や、中国風の墓が目立つ。

この「外人墓地」の一角に、ムスリムの墓が並ぶ場所がある。墓の数は一〇〇を超えない程度で、簡素な造りのものが多い[8]。土葬のために各々広めに設けられた土の上に、アラビア語・トルコ語・英語・日本語など、さまざまな言語の書かれた墓石や立て札が添えられている。埋没者はチュルク系が多いが、中国人や日本人もいる。

多磨霊園「外人墓地」区画内にあるムスリムの墓。出典：筆者撮影

これら一群の墓の、一番奥の列の中ほどに、アブデュルレシト・イブラヒム（Abdürreşid İbrahim：一八五七年生まれ、一九四四年没）という人物が眠っている。冒頭に引用した『読売新聞』の社説で「イブラーヒーム翁」と呼ばれている人物である。彼は、ロシア帝国領内に生まれたタタール人ウラマーで、世界を股にかけて活動した汎イスラーム主義者であった。一九四四年に東京で没し、この多磨霊園に埋葬されている[9]。

イブラヒムが生まれたのは西シベリアはトボリスク県のタラという村である。ロシア領内のマドラサ（イスラーム教学校）で基礎教育を受け、カザフ遊牧民の間でイマーム（礼拝先導者）職や教師を務めた後、イスラーム教第二の聖地マディーナに渡り学研を深めた。帰郷後には、ムスリム宗教協議会のカーディー

（裁判官）に任ぜられている。

イブラヒムはウラマーであったが、同時にジャーナリストでもあり、大旅行家でもあり、革命家でもあった。

ロシアの対イスラーム政策に不満を抱いていたイブラヒムは、一八九四年にイスタンブルに移り住むと、祖国のムスリムの覚醒を促す言論を発信する。一九〇四年にはロシア当局によってオデッサの監獄に収容されるが、釈放後もロシア各地のムスリムと通じ、政治的連帯の可能性を模索している。

もっとも、イブラヒムの最終的な目標はロシア領内のムスリムの独立ではなかった。彼が見据えていたのは、特定の民族や地域に限定されない、世界規模でのムスリムの独立と統一である。その可能性を模索するためか、彼は、一九〇七年からおよそ二年間にわたる世界旅行を開始する。

イブラヒムが最初に日本を長期で訪れたのは、この世界旅行の最中である。

イブラヒムの来日

イブラヒムの日本滞在は、一九〇九年の二月から同年六月までの四か月間に及んだ。此度の世界旅行の全期間が二年だったことを考えると、非常に長期の滞在であったと言える。訪日の目的は、チュルク系ムスリムの独立運動への協力を日本に求めることにあった▼[10]。

日本にいる間、イブラヒムは日本政府からの厚遇を受けた。日本に向けて出港するウラジオストクでは、早々に日本領事館の書記らから案内を受け、入国後には、市中のみならず、衆議院や造幣局、病院や大学、報道機関などを見学する機会を得ている。大隈重信・徳富蘇峰・伊藤博文・内田良平など、政府中枢の政治家・軍人、有力なアジア主義者らと面会し、親交を深めた。明治天皇からの恩賜も間接的に受け取っている。紙面でも、イブラヒムの訪日が好意的に報じられた。

それにしても、イブラヒムはなぜこれらの要人と会うことができたのだろうか。それは、日本の政府関係者、および在野のアジア主義者たちが、世界各地を繋ぐこのムスリムの活動家に、特にロシア工作に関わる利用価値を見出そうとしていたからであろう。独立運動のために日本の協力を仰ぎたいイブラヒムもまた、オスマン帝国から中央アジア、ロシアにまで広がる広大なムスリムのネットワークと連帯するメリットを日本側に説いている。両者の利害には、一致する部分があった。

イブラヒムは、彼と交流した多くの日本人に非常な好印象を与えたようである。彼を「先生」、「父」と慕うようになる者も多く、彼の許でイスラーム教に改宗する要人もあった。イブラヒムの訪日は、それまで東アジアしか視野になかった日本のアジア主義者の意識に変革をもたらしたと言われる[11]。イブラヒムの述懐によれば、彼はあるとき、犬養毅や頭山満ら東京の名士数名から、モスクやマドラサ建設の提案を受け、日本におけるイスラーム教弘布の大任を切願されたという[12]。イブラヒムの記録したアジア主義者らの発言に鑑みるに、彼らはムスリムに対して、日本国内で活動するキリスト教徒の対抗勢力としての役割を期待していたようである。

イブラヒム。出典：若林半『回教世界と日本』第5版、大日社、1938年、図版5頁

五月には、イブラヒム・大原武慶・頭山満・河野廣中・犬養毅・中野常太郎らが集い、アジア主義を掲げる政治結社、

亜細亜義会が結成された。彼らの決起文が残されているが、その一行目には、イブラヒムの手によるものであろう、「アッラーの御名において」とのアラビア語が書かれている。[13] 亜細亜義会結成の報は、オスマン帝国を通じてイスラーム諸国でも広く報じられた。[14]

六月に日本を離れた後、最終目的地のイスタンブルに到着したイブラヒムは、ほどなくして今回の旅の詳細を記した『イスラーム世界』という二巻本の旅行記を出版する。[15] 日本についての記述は非常に長く（本書の副題は、他でもなく「日本におけるイスラームの普及」であった）、今回の日本滞在が、イブラヒムに接した日本人だけでなく、イブラヒム自身にも大きな刺激を与えたことがうかがえる。なお本書は、近代の中東諸国に日本の風俗を紹介した最初期の作品であり、今日に至る中東の日本観にも影響を与えている。

日本再訪

その後イブラヒムは、汎イスラーム主義者としての活動を文字通り世界各地で展開した。戦時下のオスマン帝国では特務情報機関に所属し、文筆活動を通して各国のムスリムにジハードを促すのみならず、複数の戦争において自ら前線に赴いている——多磨霊園のイブラヒムの墓石にはいくつかの敬称が書かれているが、その中に「ジハード戦士（mujāhid）」とあるのはこのような事情による。

そして、前回の訪日から二〇年以上がたった一九三三年、イブラヒムは日本を再訪する。此度の訪日は、日本政府の招聘によるものだった。[16]

当時日本政府は、中央アジアや東アジアのムスリムを反共・反漢勢力と認識し、外交戦略として彼らを懐柔する方針を定めつつあった。イブラヒムの招聘はその一環としてなされたものである。彼の広い人脈と権威を、在日ムスリムの操縦、および、アジアのムスリムの懐柔・統治に役立てようという目算であった。

日本から来日の打診を受けた頃、イブラヒムのいたオスマン帝国はすでに崩壊し、世俗主義を国是とするトルコ共和国が建国されていた。イブラヒムはトルコにおいて活動を制限され、憲兵の監視下にあった。日本からの招聘は、年老いてなお汎イスラーム主義者としての理想を捨てようとしないイブラヒムにとって、あるいは最後の希望に映ったのかもしれない。来日直前に発表した論考の中で、彼は、日本と連帯してジハードを遂行することは、すべてのムスリムにとっての義務であると、高らかに宣言している。[17]

イブラヒムと頭山満。中央は内田良平。出典：若林半『回教世界と日本』第2版、1937年、図版6頁

来日したイブラヒムは、日本政府やアジア主義者らと協力しながら、日本国内での宣教・教育・政治活動に従事する。国外のイスラーム系諸民族に対しても、日本との連帯を訴え続けた。

回教政策の活発化

日本の回教政策（回教工作）は、満州事変を機に急速に活発化した。本格的に西方に進出した日本は、アジアに広がるムスリムを懐柔する課題に直面したのである。この時期以降、イブラヒムは日本政府から重用されるようになる。一九三八年に開所した東京回教寺院の初代イマーム（礼拝先導者）に任ぜられ、

多磨霊園「外人墓地」内にあるイブラヒムの墓。出典：筆者撮影

東京イスラム教団団長、大日本イスラム教団連合会代表にも据えられている。[18]

日本にとって、ムスリムの懐柔は、満蒙対策、対ソ防衛、東アジア統治のための現実的戦略であり続けた。[19] 一時期は、オスマン帝国第三四代スルタン、アブデュルハミトⅡ世（一八四二年生まれ、一九一八年没）の孫アブデュルケリム王子（一九〇六年生まれ、一九三五年没）を擁立し、中国西北部に日本の傀儡となるイスラーム帝国を建設する可能性も検討されたと言われる。[20] 西方だけでなく、南方の植民地においても、イスラーム教勢力の取り込みは一貫して統治上の重要事項と認識されていた。[21]

日本内地では、東亜経済調査局、回教圏攷究所、回教及猶太問題委員会、大日本回教協会など、イスラーム教圏を対象とした調査・研究・政策立案を任務に含む諸々の機関が設立された。政府は、在日ムスリムとも緊密な関係を維持し、日本国民に対してもイスラーム教についての啓蒙を推進した。たとえば、一九四〇年には、大日本回教協会と東京イスラム教団が、松坂屋との共催で「回教圏展覧会」を展開している。[22] この展覧会は、松坂屋の建物正面に巨大な広告を掲げる大々的なものであった。[23] 展覧会に併せて、各国要人を招いた全世界回教徒第一次大会なるものも開催されている。

その間、神戸と東京に日本を代表するモスクが建設されたが、イブラヒムが初代イマームに就任した東京回教寺院の建設にあたっては、アジア主義者や犬養毅・大隈重信らの呼びかけを通じて、財界の著名人や三大財閥から土地の提供や献金が行なわれた。

モスクの落成式には、玄洋社の頭山満、陸軍大将松井石根、海軍大将山本英輔、満州国皇帝愛新覚羅溥儀のいとこ溥侊などが顔を並べた他、インド・中華民国・満州・タタール・朝鮮など、アジア諸地域の「回教徒代表」や、アラブ諸国の要人が列席した。式では君が代が斉唱され、「天皇陛下万歳！」、「回教徒万歳！」と叫ばれたことが記録されている。▼24「イスラーム教」は、大日本帝国がアジア諸国と繋がるための重要な経路として喧伝されていたのである。イブラヒムはそのシンボルであった。

しかし、イブラヒムが逝去した翌年、終戦によって一連の回教政策は打ち切りとなり、政策に関係する諸々の研究機関も閉鎖・解散する。一九四五年、日本敗戦の影で、多磨霊園に眠る一人の汎イスラーム主義者の夢もまた、静かに潰えたのだった。

イブラヒムの墓

筆者は、ある年の盛夏の日に、多磨霊園のイブラヒムの墓を訪れたことがある。

彼の墓の上には膝丈ほどの雑草が繁茂し、むかい側の墓からはさらに背の高い草が垂れ、イブラヒムの墓石の半分ほどを覆っていた。たまたま前日に雨が降ったためか、墓石は汚れ、あまり頻繁に手入れがなされている様子ではなかった。率直に言えば、世間から完全に忘れられた人間の墓のようでもあった。

しかし、イブラヒムという人物を忘れ去ることは、日本とイスラーム教の関係史の、或る重要な局面を忘れ去ることとも同時に意味している。

かつて、日本とイスラーム教は、奇妙な邂逅を果たしていた。日本人は、世界中のムスリムにジハードを促し、日本が戦う「聖戦」への参加を呼びかけた。また、実際に多くのムスリムを統治下に置き、戦争に動員した。そして、イブラヒムのように、日本に協力しようとする汎イスラーム主義の活動家も存在したのである。

戦後の日本社会は、この邂逅の事実をもはや記憶していない。「イスラーム教は日本とは縁遠い宗教」、「日本はこれまでイスラーム教とあまり関わりを持たなかった」という言葉は、イスラーム教をめぐる言説の中に散見される。たしかに、仏教やキリスト教と比べれば、イスラーム教が日本の歴史に与えた影響は小さいかもしれない。[25]

しかし、少なくとも或る一時、多磨霊園に眠る一人の汎イスラーム主義者は、大日本帝国と共にジハードののろしを上げることを夢に見ていた。そして、彼を利用した日本人たちもまた、ムスリムによるジハードと提携し、アジアを解放する大義を語った。雑草の生えたこの古い墓は、忘れられたその記憶に触れることができる、わずかに残された場所の一つである。

註

▼1　『読売新聞』一九四四年四月二六日朝刊、二頁。旧字、異体字、歴史的仮名遣いは現代の表記に改めた。

▼2 東京都多磨霊園「多磨霊園の花と緑」二〇一三年、一頁。

▼3 槇村久子「多磨墓地をはじめとする公園墓地の成立・展開と今日的課題」『造園雑誌』第五五巻第五号、一九九二年、一二二から一二三頁。

▼4 村越知世『多磨霊園』東京都公園協会、二〇一一年、四頁。槇村久子「多磨墓地をはじめとする公園墓地の成立・展開と今日的課題」一二二頁。

▼5 村越知世『多磨霊園』四から五頁。明治新政府はその他、神職による葬儀執行を可能とする法令や、火葬禁止令を布告するなどし、葬儀の神道化を進めた（勝田至編『日本葬制史』吉川弘文館、二〇一二年、二四八から二五三頁）。

▼6 東京都公園協会「東京都多磨霊園案内図」二〇一九年、裏面。

▼7 村越知世『多磨霊園』一五二から一五五頁。東京都公園協会「東京都多磨霊園案内図」裏面。

▼8 一つの墓に複数名が埋葬されている場合もあるため、埋葬されている人数はもう少し多いだろう。

▼9 以下、本エッセイで言及するイブラヒムの経歴や日本での経験については、特に言及しない限り小松久男『イブラヒム、日本への旅――ロシア・オスマン帝国・日本』刀水書房、二〇〇八年、およびアブデュルレシト・イブラヒム『ジャポンヤ――イブラヒムの明治日本探訪記』小松香織・小松久男訳、岩波書店、二〇一三年の記述に依る。

▼10 シナン・レヴェント『日本の〝中央ユーラシア〟政策――トゥーラン主義運動とイスラーム政策』彩流社、二〇一九年、五一から五二頁。実際に日本を知った後のイブラヒムは、日本におけるイスラーム教の普及と、イスタンブルのカリフと日本の政治的連帯を強く意識するようになる。

▼11 シナン・レヴェント『日本の〝中央ユーラシア〟政策』五二から五三頁。

▼12 イブラヒム『ジャポンヤ』四〇九頁。

▼13 小松久男『イブラヒム、日本への旅』八五頁。

▼14 同会はその後、イスタンブルのカリフにモスク建設の許可を求め、日本へのウラマー派遣を要請している。後にカリフからモスク建設の許可を得るものの、この時期の建設計画は具体化せず、その後立ち消えとなった。亜細亜義会は、辛亥革命後に大亜義会と改称し、奉天に本部を移している。なお、亜細亜義会のメンバーである大原もムスリムであったが、戦前・戦中にイスラーム教に入信した日本人にはアジア主義者が多かった。

▼15 なお、本書は書下ろしではなく、旅行中にもイスタンブルに原稿を郵送し、定期的に公開されていたものをまとめたものである。本書の日本滞在記の部分を中心に邦訳されたものがイブラヒム『ジャポンヤ』である。

▼16 イブラヒムの来日にあたっては、政府関係者だけでなく、アジア主義者からも働きかけがなされたと言われる（若林半『回教世界と日本』第二版、一九三七年、七頁）。

▼17 小松久男『イブラヒム、日本への旅』一五〇から一五一頁。

▼18 東京回教寺院のイマームにはイブラヒムとは別の人物が就任することになっていたが、最終的に、在日ムスリムをまとめるにはイブラヒムが適任との判断がなされた（松長昭『在日タタール人――歴史に翻弄されたイスラーム教徒たち』東洋書店、二〇〇九年、三一から五一頁。田澤拓也『ムスリム・ニッポン』小学館、一九九八年、九六から一〇八頁）。

▼19 回教政策のより具体的な目的・戦略については、坂本勉「アブデュルレシト・イブラヒムの再来日と蒙疆政権下のイスラーム政策」坂本勉編著『日中戦争とイスラーム――満蒙・アジア地域における統治・

懐柔政策』慶応義塾大学出版会、二〇〇八年、一から八一頁に詳しい。

▼20 シナン・レヴェント『日本の〝中央ユーラシア〟政策』一五七から一六四頁。新保敦子『日本占領下の中国ムスリム——華北および蒙疆における民族政策と女子教育』早稲田大学出版部、二〇一八年、六九から七二頁。松長昭『在日タタール人』四一から四二頁。メルトハン・デュンダル「オスマン皇族アブデュルケリムの来日」坂本勉編著『日中戦争とイスラーム』一三五から一七七頁。当時トルコ政府は、日本がカリフを擁立するのではないかと、この動きを警戒したようである。

▼21 倉沢愛子「動員と統制——日本軍世期のジャワにおけるイスラム宣撫工作について」『東南アジア——歴史と文化』第一〇号、一九八一年、六九から一二一頁。日本のムスリムに対する政策にはもちろん、彼らに対する文化的配慮に欠ける部分もあった（新保敦子『日本占領下の中国ムスリム』四五から四六頁。澤井充生「皇居遥拝した回民たち——日本の回教工作にみる異民族への眼差し」『人文学報』第五一三－二号、二〇一七年、一〇七から一二九頁。澤井充生「日本の回教工作と清真寺の管理統制——蒙疆政権下の回民社会の事例から」『人文学報』第四八三号、二〇一四年、六九から一〇七頁）。

▼22 重親知左子「松坂屋回教圏展覧会の周辺」『大阪大学言語文化学』第一二号、二〇〇三年、一七九から一九一頁。小村不二男『日本イスラーム史——戦前、戦中歴史の流れの中に活躍した日本人ムスリム達の群像』日本イスラーム友好連盟、一九八八年、三一九から三二八頁。

▼23 大日本回教協会編『記録　回教圏展覧会——全世界回教徒第一次大会来朝回教視察団』大日本回教協会、一九四〇年、二一頁。

▼24 『月刊 回教圏』第一巻第一号、回教圏攻究所、一九三八年、四八頁。小村不二男『日本イスラーム史』二九五から二九九頁。松長昭『在日タタール人』四五から四八頁。新保敦子『日本占領下の中国ムスリ

ム』三七から三八頁。なお、東京は、東亜におけるムスリムの中心地となることが構想されていた（日本外政協会編『帝国焦眉の回教施策――東京を大東亜回教徒の指導中心地たらしむべき方途　其の一（調査部調書第一号）』日本外政協会、一九四三年）。

▼25

ただし、以下のような事実もある。前述の通り、イブラヒムの訪日はアジア主義者の構想に影響を与えた。頭山満のような影響力を持つアジア主義者も、イブラヒムを含むムスリムと親密な関係を生涯持ち続けた。一九三八年の東京回教寺院の開堂式では、黒竜会が事務を取り仕切り、頭山が開扉を担当している（松長昭『在日タタール人』四六頁）。頭山はまた、東京イスラム教団の名誉顧問でもあった（小村不二男『日本イスラーム史』四三九頁）。また、「イスラーム教」という要素は、大東亜戦争のあり方に直接の影響を与えている（松浦正孝『「大東亜戦争」はなぜ起きたのか――汎アジア主義の政治経済史』名古屋大学出版会、二〇一〇年、三五六から三七五頁）。ムスリムの操縦・懐柔の成否は、実際、日中ソ間の戦局を少なからぬ程度左右したとも言われる（関岡英之『帝国陸軍　知られざる地政学戦略――見果てぬ「防共回廊」』祥伝社新書、二〇一九年、第二章、第三章）。中国では、日本による回教政策の失敗が、共産党側に協力する回民の増加を促した。この結果は、日中戦争における共産党の勝利、さらには中華人民共和国建国の遠因になった可能性もある（新保敦子『日本占領下の中国ムスリム』第二章、第四章、三三一頁）。鈴木規夫（愛知大学教授、一九五七年生まれ）は、「大東亜共栄圏」というアイディア自体が、汎イスラーム主義に着想を得たものである可能性を指摘している（鈴木規夫『日本人にとってイスラームとは何か』ちくま新書、一九九八年、一八一頁）。事実、「大東亜共栄圏」という言葉を発案した松岡洋右は、在日ムスリムと非常に緊密な関係にあった（満鉄会・嶋野三郎伝記刊行会編『嶋野三郎――満鉄ソ連情報活動家の生涯』原書房、一九八四年、四四九から四七八頁）。イスラーム教が日本の近現代史に与えた影響は、通常想像されるよりも大きいという見方も、けして見当違いとは言えない。

2　アッラーのほか、仏なし

神となったゴッド

イエズス会のフランシスコ・ザビエル（Francisco de Xavier：一五〇六年生まれ、一五五二年没）は、日本でキリスト教の宣教を開始した当初、「デウス」（キリスト教の「父なる神」）を指す日本語の訳語として真言密教の「大日」を採用し、人々に「大日を拝みあれ」と説いたと言われる。しかしその後、「大日」が不適切な訳語であると気づき、一転して「大日な拝みあっそ」（大日を拝むな）と呼びかけたという。▼1

一方で、デウスと大日を同一視したのはザビエルではなく、真言宗の僧侶たちであったとの記録も存在する。▼2

どちらが史実であるかはここでは問題ではない。いずれにしても、その後ザビエルらは、「デウス」を日本語に翻訳することを諦め、ラテン語のまま「でうす」と呼んで日本での布教を進めた。

はたして、ザビエルらは「デウス」を日本語に翻訳することをさほど重要視していなかったのだろうか。けしてそうではない。カトリックの宣教師たちは、翻訳の如何が新しい土地における宣教の成否に大きく関わることを理解し、宣教先で話される言語の研究に力を注ぐのが常であった。日本でもそれは変わらず、ザビエルらは、日本語の習得と翻訳が重要であることを信じていた。にもかかわらず、来日した宣教師たちは、「デウス」を日本語に翻訳することを諦めたのである。

この事実は、天地の創造主を名指し得る言葉が、日本語——少なくとも当時のそれ——の中に簡単には見出せなかったことを示している。[3] イエズス会司祭のジョアン・ロドリーゲス（João Rodrigues：一五六一／二年生まれ、一六三三年没）は、「日本人は今日までその御方のことを知らなかったために、日本語で、その御方をお呼びする名前を持たなかったのである」とのザビエルの言葉を書き残している。[4]

「デウス」の用語問題は、中国でも起こった。

一七・一八世紀の中国では、「デウス」の訳語をめぐり、清朝で布教に携わったカトリックの司祭たちの間に大きな論争が生じた。

一九世紀には、イギリスとアメリカのプロテスタントの宣教師たちが、今度は、英語の「ゴッド」の訳語をめぐり、「神」と訳すべきだとする陣営と、「上帝」と訳すべきだとする陣営とに分かれ、意見を対立させている。[5] 結局、この対立は解消されず、「ゴッド」を「神」と訳した中国語訳聖書と、「上帝」と訳した中国語訳聖書の両方が印刷された。

じつは、中国における「ゴッド」の訳語をめぐるこの論争は、その後、日本における「ゴッド」

の訳語を左右することになる。

一九世紀末の日本でキリスト教の布教に携わった者の多くは、「ゴッド」の中国語訳として「神」を支持した宣教師たちの流れをくむアメリカ人であった。その結果、特にヘボン訳日本語聖書（一八七二年）の出版以降、中国語訳聖書から——さほどの学術的検証もないままに——転用された「神」という言葉が、英語（キリスト教）の「ゴッド」の日本語訳として採用され、そのまま定着するに至る。[6]

今でこそ私たちは、ゴッドの訳語としての「神（カミ）」を、何の違和感もなく受け入れている。しかし、そもそも中国語の「神」は、やまとことばの「カミ」と完全に同じ意味を有する言葉ではなかった。近代日本語においてはさらに、この中国語の「神」に、キリスト教の「ゴッド」の意味が付与された上で、「カミ」という日本語と結合しているのである。

言語学者の柳父章（一九二八年生まれ、二〇一八年没）が指摘するように、近代日本語の「神（カミ）」という言葉は、このような経緯で二重に意味がねじれてしまっている。[7] 近現代の日本人は、このようなねじれを持つ「神」という言葉を用いて、日本古来のカミや、天皇、キリスト教その他の宗教の「神」をも、理解してきたことになる。

イスラーム教（アラビア語）における「神」

さて、「神」の翻訳問題はキリスト教の専売特許というわけではない。同じ問題は、イスラーム教についても当然考えることができる。

「デウス」や「ゴッド」に相当するイスラーム教の言葉は、日本語でどのように翻訳することができるだろうか。あるいは、これまで実際に、どのような言葉があてがわれてきたのだろうか。

論点を簡単に整理しておきたい。

イスラーム教(アラビア語)において、「神」と訳され得る言葉は主に二つ存在する。一つは、創造主の名である「アッラー(Allāh)」、もう一つは、「崇拝されるもの」を意味する一般名詞の「イラーフ(ilāh)」である。

「アッラー」という言葉は、創造主の固有名とされ、複数形や女性形を持たない。一方の「イラーフ」は一般名詞であり、アッラーを指して用いられることもあれば、他宗教における崇拝対象に用いられることもある。なお、一説によれば、「アッラー」という単語は、「イラーフ」の頭にアラビア語の定冠詞「アル(al)」を付けたものが縮まったものだとも言われる。この説に依拠すれば、「アッラー」は語源的には「The イラーフ」との意になる。

「アッラー」と「イラーフ」という二つの単語は、イスラーム教の根本信条を表す信仰告白(シャハーダ)の言葉「アッラーのほか、イラーフは無い(lā ilāha illā Allāh)」の中にも含まれている。なお、今日この言葉は、日本語では「アッラーのほかに神はない」と訳されることが多い。つまり、「アッラー」は「アッラー」とカタカナ転写され、「イラーフ」は「神」と翻訳されている。

アッラーのみを「イラーフ」とみなし、それ以外の存在を「イラーフ」とみなさないことが、イスラーム教の根本信条である。アッラーは「真のイラーフ(ilāh ḥaqq)」、アッラー以外の崇拝される存在は「虚偽のイラーフ(ilāh bāṭil)」とされる。つまり、「イラーフ」は、アッラーという存在の性質を直接説明する言葉と言うことができる。「アッラー」の訳語の問題の背面には、「イラーフ」という言葉の訳語の問題も、同様の重要性をもってぶらさがっている。

「アッラー＝天之御中主神」論

日本では、明治以降にムスリムとの接触が増え、イスラーム教に入信する日本人も出てくるようになった。とはいえ、「アッラー」や「イラーフ」の翻訳について問題提起を行なう人物は少なく、大多数の論者は、極めて安直な議論――議論と呼んでもよいのであれば――に甘んじていた。

田中逸平（一八八二年生まれ、一九三四年没）は、この問題においてもっとも楽観的な立場をとった日本人ムスリムの一人である。「アッラー」の訳語についておそらく特段の問題意識を持っていなかった田中は、アッラーを「神」（あるいはときに「真主」）と呼んだ上で、特に保留もなく、日本の「神」と比較している。

そして田中は、アッラーが九九の「正名」――今日では「九九の美名」と言われることが多い――を持つとするイスラーム教の教説と、天之御中主神（あめのみなかぬしのかみ）の下に八百万の神を有する日本の神々の階層構造とのメンタリティ的類似性を指摘するなど、やや強引な意見を示しながら、イスラーム教と「かみながらの道」（日本主義）の理想が一致するものであることを説いた。▼8

田中のように、アッラーを「神」と呼び、日本で「神」と呼ばれる存在をその比較対象とするのは、今日に至るまでの日本における一般的な態度と言える。たとえば、「イスラム教はアッラーを唯一の神と考える。この点は、あまたの神を信じる日本の宗教観とは異なる」という説明を、私たちは頻繁に目にする。アッラーという存在が、ムスリムにとっての「神（カミ）」であるとの説明は、極めて自然なものとして受け入れられている。

他方、ザビエルが一時期「デウス」を「大日」と呼んだのと同じように、アッラーを、日本における特定の神的存在と結びつける見方もあった。

たとえば、日本人ムスリムの山岡光太郎（一八八〇年生まれ、一九五九年没）は、「アッローハ、アクバル（Allāh akbar：アッラーは偉大なり）」の意味を、「天照大御神の意にして、唯一真神アルラアの敬語的代名詞なり」と説明している。[9] また、嶋野三郎（一八九三年生まれ、一九八二年没）によれば、山岡はアッラーを「阿弥陀仏」にもなぞらえていたという。[10]

同じく日本人ムスリムで、日本での宣教に熱心に取り組んだことで知られる有賀文八郎（一八六八年生まれ、一九四六年没）は、アッラーを、「唯一神」（と有賀が考えるところの）天之御中主神と同一の存在とみなした。[11]

有賀は、やはり田中と同じように、日本精神とイスラーム教の関係について極めて楽観的な見通しを持っており、イスラーム教こそは、「最も日本国民に合致する宗教」、「我が国、建国以来の精神に合致する」宗教であると説いた。[12]

彼はまた、アッラーを天之御中主神と同定するのみならず、天皇・皇室への態度についても積極的に言及し、イスラーム教を奉じることと、日本の国体を奉じることとの矛盾しないことを論じている。彼は、日本の皇祖たる天照大神・天皇・皇族一同に対する「尊敬」と、「唯一真主」（アッラー）に対する「崇敬」とを区別した上で、ムスリムであっても、天照大神・天皇・皇族一同を「尊敬」するのは当然のことである、と説いたのである。[13]

ところで、「日本精神（神道）＝多神教」との通俗的理解が広まっている現代日本の感覚からは、神道の神である天之御中主神をイスラーム教の神アッラーと同一視する発想は、極めてアクロバティックなものに感じられるかもしれない。しかし、平田篤胤（一七七六年生まれ、一八四三年没）以来の復古神道においては、天之御中主神に対して一神教的・創造神的な性格が付与されていたと言われる。また、戦前・戦中には、一部の日本人キリスト教徒の間でも、天之御中主神をキリスト教の神と同一視する議論が展開されていた。[14] アッラーを天之御中主神と同定する有賀の立場は、国家神道、復古神道、日本的なキリスト教などが交差する、当時の日本の宗教的土壌によって生み出されたものだったとも言える。

「アッラー」翻訳禁止論

「神」と呼ぶか「天之御中主神」と呼ぶかでは付随する文脈が異なってくるが、既存の日本語の単語をアッラーの訳語にあてがう点では、田中も有賀も共通の戦略をとったと言うことが可能である。日本語での「アッラー」の呼称について、以上のようなある種の楽観論に立った論者とは対照的に、大日本回教協会の原正男（一八八二年生まれ、一九七二年没）は、「翻訳不可能」（あるいは、翻訳禁止）の立場を示した。なお、原はムスリムではなく、（国家）神道を信奉した国粋主義者である。

原の立場はこうだ。

イスラーム教（アラビア語）における「アッラー」や「イラーフ」という言葉は、日本語の「神」とはまったく異なる意味を有している。したがって、ムスリムが真の「イラーフ」と信じるところの「アッラー」の訳語に、日本語の「神」をあてがうことはできない。

アッラーは「アッラー」、イラーフは「イラーフ」、神は「神」と呼ぶしかない。

イスラーム教の信仰告白の言葉は、「ラー・イラーハ・イッラッラー」とアラビア語で唱えなければならず、「アッラーのほかに神はない」などと日本語に翻訳すべきではない。なぜなら、日本語の「神」という言葉が意味する射程に、アッラーは含まれないからである。

このような原の立場は、翻訳論としては、さきほど見た田中や有賀の立場とは対照的だ。しかしながら、日本精神とイスラーム教の信仰の両立可能性については、田中や有賀同様に、肯定的な見方を原は示していく。

すなわち、「アッラー」と「神」が別物であるからこそ、アッラーを「絶対至上の存在として崇拝」するムスリムが、まったく同時に、日本語で「神」と呼ばれる諸々の存在を認め、それを「尊崇」することもあり得る、と原は結論するのである。[15] 原によれば、「アッラー」や「イラーフ」は「神」とは別の概念であり、したがって、日本語で「神」と呼ばれるものへの尊崇の念は、唯一のイラーフであるアッラーへの信仰を打ち消すものではないからである。

こうした原の議論には、批判的な評価もある。[16] しかし、彼の議論の背後には、ある種の時代的な要請があった。

満州事変以降、大日本帝国は、ムスリムを帝国の住民として包摂するという喫緊の問題に直面していた（回教徒問題）。ムスリムが、同時に大日本帝国の住民、あるいは臣民となるとき、天地の創造主（アッラー）のみが唯一の「神」であるという彼らの信仰と、天皇が現人神であるとの認識が両立し得ないという問題が、当然ながら生じてくる。

竹内好（一九一〇年生まれ、一九七七年没）は、大陸における日本の対回教徒政策の様子を記した回想録の中で、蒙疆（現在の内モンゴル自治区中央部）のムスリムの訓練にあたる一日本人青年の言葉を伝えている。この青年の任務には、ムスリムに神社を参拝させる任務が含まれていたのだが、青年は、「回教の信仰が、彼らにとって正しいものであることを理解出来る」と言う一方で、回教の神

より も「われわれ日本人の神が、更に高くおはすことを〔……〕彼らにも納得させたい」と、極めて真剣に悩んでいたという。[17]

この青年の「苦悩」は、天皇を「神」と仰ぐ日本の国体の中に、天地の創造主を唯一の「神」と考えるムスリムを住民・臣民として抱えることの困難さ——竹内の言葉を借りれば「微妙さ」——を象徴している。

この困難さの一面は、イスラーム教の「アッラー」を、日本語の「神」と同じ土俵にのせてしまうことから生じている。翻訳禁止の立場をとった原の議論が、こうした問題を潜り抜け、日本の国体下にイスラーム系諸民族を留め置くための方便であったとすれば、妥当な落としどころだったと言えなくもない。[18] 原の言うように「アッラー」や「イラーフ」を「神」と翻訳することがなければ、少なくとも言語表現の上では、「天皇は神である」との命題と対立する「アッラーのほかに神はない」という命題は、消滅するからである。

実際原は、「而して日本精神は斯くして回教を包容し、これを善導すべきものである。回教を恐れ又は之を嫌う等の事は更に有ってはならぬ。我が国民は我が国の古来の高い精神に照らして、回教を容れ回教徒の指導者たらざるべからずと信ずる[19]」と述べ、帝国が、ムスリムの信条に理解を示し、包摂・善導すべきことを主張していた。それはまた、原個人の主張に留まらず、時勢の要請するところでもあった。

原の議論は、理論的な部分だけに目を向ければ暴論であろうが、限られた選択肢の中で、現実的な妥協点を求めた結果だったとも言える。

戦後の議論

戦後、「アッラー」の日本語訳の問題を学術的見地から再検討した人物に、社会人類学者の大塚和夫（一九四九年生まれ、二〇〇九年没）がいる。彼は、この問題についての自身の考察を、「アッラー、神、アラーの神」という論考にまとめた。[20]

大塚はこの論考において、ソシュール（Ferdinand de Saussure：一八五七年生まれ、一九一三年没）や丸山眞男（一九一四年生まれ、一九九六年没）の議論を経由しながら、イスラーム教における唯一の崇拝対象である「アッラー」を、「神」あるいは「アラーの神」と訳してしまえば、アラビア語の「アッラー」という言葉に元来具わる意味的な排他性――この排他性は、「アッラー」という語の本質的な特性である――を打ち消してしまうことを指摘している。[21] 最終的に大塚は、「アッラー」という言葉は、日本語においてはカタカナで「アッラー」と音写するのが適切である、と結論する。翻訳不要という点では、上記の原の立場に近い面もある。

「アッラー」は、「神」や「アラーの神」などと言わず、カタカナで「アッラー」と音写すべきであるという大塚の主張は、今日の日本では広く受け入れられ、実践されていると言えるだろう。公教育で用いられる教科書でも、メディアにおいても、また学術的な場面でも、ほとんどの場合、イスラーム教の神は「アッラー」と音写されている。

大塚の論考は、「アッラー」の翻訳について一定の説得力のある議論を展開しており、今日においても変わらぬ価値を持っている。ただし大塚は、「イラーフ」の訳語の問題――つまり、「イラーフ」を「神」と訳してもよいのか、言いかえれば、「イラーフ」を「神」と訳すことで、アッラーを「神」という言葉で叙述してもよいのかという問題――については、ほとんど注意を払わなかった。この点は、課題として残されている。

前述の通り、アッラーのみを真の「イラーフ」（＝崇拝されるもの）とみなすことが、イスラーム教の根本信条である。この信条は、「アッラーのほか、イラーフは無い」という信仰告白の言葉にまとめられる。「アッラー」をカタカナで音写して済ませる以上、この「アッラー」という存在の意味を、直接、第一義的に説明することになる「イラーフ」という言葉の訳語が、次に検討されなければならない。

アッラーは、「神」とは訳さず「アッラー」と音写するとして、では、「イラーフ」はどう翻訳すればよいのか。「神」か。それとも、ほかの単語をあてるべきなのか。「アッラーのほか、イラーフは無い」という信仰告白の言葉は、「アッラーのほかに神はない」と訳しておけばよいのだろうか。この問題についての活気ある議論は、日本語話者のムスリムの間でも、研究者の間でも、なされてこなかった。

アッラーを「仏」と呼ぶとき

もっとも、単語単位の「一対一対応」の翻訳が幻想である以上、ある単語にどのような訳語をあてがったとしても、結局は原語との間に意味的なズレが生じてしまう。翻訳において、それは避けようのない事態である。翻訳が、個々の単語ではなく、テクスト全体を別の言語に移し替える営為であることを踏まえれば、最終的には、個々の訳語に付随する意味的なズレは、テクスト全体の翻訳の中で（あるいは、テクストの外の議論を通して）調節し、埋め合わせをしていくほかない。

加えて、ゴッドの訳語としての「神」は、もはや動かしがたい形で日本語に定着してしまっている。今さらこれを変えることは不可能であろう。

だとすれば、「イラーフ」も結局は「神」と訳すほかないかもしれない。少なくとも、現代の日本語話者にもっとも違和感が少ない訳語が「神」であることは、ほとんど疑いようがない。

しかし、考えなしに「イラーフ」を「神」と読み替えている内に、次第に、「神」が「イラーフ」の「正しい」訳語であると思い込んでしまう。実際、イスラーム教の「神」に言及される際に、「イラーフ」と日本語の「カミ」との間に意味的なズレが存在することに注意が払われることはほとんどない。

このズレを忘れないために、どのようなことができるだろうか。

たとえば、オルタナティブとなる訳語を考えてみることは、さほど無意味なことではないかもしれない。

「イラーフ」の訳語として、「神」の次にその正当性を検討すべき言葉には、たとえば（上帝の意味での）「天」がある。ただ、平石直昭（東京大学名誉教授、一九四五年生まれ）が適切に指摘する通り、現代日本語において、もはや「天」は死語となってしまった。[22] もちろん、死語だからといって使えないということはない。しかし、ここでは試みに（あくまで試みに）、日本における「神」とならぶ信仰対象、「仏（ホトケ）」を使う可能性を考えてみたい。

日本宗教史における、仏と神のあいまいな、かつ変動的な関係に鑑みるとき、「神」と訳されているものを「仏」と訳すことも、選択肢としてまったくあり得ないわけではない。

「ゴッド」の訳語としての「神」を日本語に定着させた聖書の一つにヘボン訳聖書があることは上述したが、この聖書の訳者であるヘボン（James Curtis Hepburn：一八一五年生まれ、一九一一年没）は、

『和英語林集成』という日英辞書を編んでいる。この辞書の「God」の項目では、この語に対応する日本語が、「神道においては「kami」、「shin」」であり、「仏教においては「hotoke」」である、と説明されている。[23] ゴッドとの距離は、「神」も「仏」も、元来——少なくともヘボンの目には——ほとんど等しかったのである。ゴッドが「仏」と訳される世界も、あるいはあり得たかもしれない。[24]

「イラーフ」という言葉の意味が「崇拝されるもの」であることは上で触れたが、帰依する対象・すがる対象・助けを求める対象としての性質は、日本の伝統の中では、どちらかと言えば「カミ」ではなく「仏」の具えるところのものだ。[25] この一点についてのみ言えば、「イラーフ」の持つ性質は、「カミ」よりも「仏」に近い。

「イラーフ」の訳語に「仏」をあてがうとき、「アッラーのほか、イラーフは無い」というイスラーム教の信仰告白の言葉は、「アッラーのほか、仏なし」と訳すことができる。

もっと突き進んで、「御仏のほか、仏なし」と訳すことも、できてしまう。[26]

もちろん、これは「誤訳」であろう。筆者もこれが「正しい翻訳」だと思っているわけではない。仏とは、仏教固有の概念であり、基本的な考え方としては人間の成るものである。「イラーフ」や「アッラー」の訳語としては、極めて不自然な言葉だ。

しかし、ひるがえって、「神（カミ）」という訳語ははたして自然なのだろうか。

カミは元来、日本の自然宗教的な世界観のただ中で、その固有の意味を育んできた言葉ではなかったか。カミもまた、仏と同じように人間が成ることもある。人間だけではない。カミはまた、獣も成り、鳥も成り、植物も成り、蟲も成る。

「アッラーのほか、仏なし」は、大きな誤解を招く、荒唐無稽な訳案かもしれない。しかし、この翻訳から生まれる誤解は、「アッラーのほかに神はない」から生まれる誤解よりも、はたして大きいだろうか。

アッラーが「仏」であることを否定するとき、私たちは、アッラーが「神」であるという命題もまた、手放しで肯定することはできないはずである。

註

▼1 岸野久「仏キ論争――初期キリシタン宣教師の仏教理解と論破」今野達など編『岩波講座 日本文学と仏教 第八巻――仏と神』岩波書店、一九九四年、一八五から一八六頁。H・チースリク「キリシタン書とその思想」海老沢有道など編『キリシタン書 排耶書』岩波書店、一九七〇年、五五五頁。大和昌平「キリシタン時代最初期におけるキリスト教と仏教の交渉」『キリストと世界』第二四巻、二〇一四年、一〇九から一三九頁。

▼2 これは、ザビエルに近い司祭たちがイエズス会本部に報告した「事実」である。フロイス『フロイス日本史 六――豊後編I』中央公論社、一九七八年、六二から六三頁。

▼3 後にイエズス会の編んだ『羅葡日対訳辞書』(一五九五年)では、「デウス」は「天道、天主、天尊、天帝」と訳されている(『羅葡日対訳辞典』勉誠社、一九七三年、二〇六頁)。また、『日葡辞書』(一六〇三年)には、「我々」(ポルトガル人宣教師)が「以前は」デウスを「天道」の名で呼んでいた旨が記されている(『日葡辞書』岩波書店、一九六〇年、五〇九頁。土井忠生など編訳『邦訳日葡辞書』岩波書

店、一九八〇年、六四七頁）。

▼4 ジョアン・ロドリーゲス『日本教会史　下』岩波書店、一九七〇年、四二五頁。

▼5 柳父章『「ゴッド」は神か上帝か』岩波現代文庫、二〇〇一年。

▼6 鈴木範久「「カミ」の訳語考」『講座宗教学　四――秘められた意味』東京大学出版会、一九七七年、三〇一から三〇七頁。もっとも、「神」という訳語の正当性について一切議論がなかったわけではない。正教会の中井木菟麻呂（一八五五生まれ、一九四三年没）などは、「上帝」の可能性も検討した上で、最終的に「神」を選んでいる（長澤志穂「日本正教会訳聖書における「神」の漢語としての奥行き――中井木菟麻呂の信仰と思想を手がかりに」『アジア・キリスト教・多元性』第一四号、二〇〇六年、三五から五四頁）。しかし、中井が「神」を選んだのは、「上帝」には愛着が持てないという個人的感覚が理由であり、論理的な理由からではなかった。なお、「神」訳が定着する少し前に、現存する最古の日本語訳聖書であるギュツラフ版で、「ゴッド」が「ゴクラク」または「テンノツカサ」と訳されたが、これは広まらなかった（鈴木範久『聖書の日本語――翻訳の歴史』岩波書店、二〇〇六年、五八頁）。二〇世紀に入り、前島潔（一八八八年生まれ、一九四四年没）が「カミ」の語源や社会における意味、中国における用語論争などを考慮しながら、「神」という訳語の見直しを真摯に提言しているが（前島潔「日本に於ける基督教用語「神」に就いて」『神学研究』第二九巻第六号、一九三八年、二八五から三〇一頁）、社会の趨勢を変えることはできなかった。また、宣教師が「神」という訳語の正当性について深い議論を行なわなかったのとは対照的に、日本の大衆は、創造主・上帝を意味する言葉に「神」を使用することに大きな抵抗を示した（金香花『神と上帝――聖書訳語論争への新たなアプローチ』新教出版社、二〇二三年、第二章「日本語における訳語問題」四七から六八頁）。

▼7 柳父章『「ゴッド」は神か上帝か』一二三頁。「ゴッド」が「神」と訳された多角的な背景、および、翻訳が広まったことの影響の仔細については、鈴木範久「「カミ」の訳語考」と鈴木範久『聖書の日本語』を参照。なお、柳父の議論に依拠すれば、近代日本における天皇の「神」格化は、「ゴッド＝神」との理解が日本語に定着したからこそなされ得たものであった（柳父章『未知との出会い』法政大学出版局、二〇一三年、八七から一〇五頁）。

▼8 田中逸平『イスレアムと大亜細亜主義』一九二四年。なお田中は、「イラーフ」は「主」と訳している（同一六頁）。田中は、マッカ巡礼も果たし、自身の葬儀もイスラーム教式で執り行なうよう手配した熱心なムスリムだったが、黒龍会の編纂した『東亜先覚志士記伝』にも名を連ねる保守的なアジア主義者でもあった（黒龍会編『東亜先覚志士記伝　下』一九三六年、二六一から二六四頁）。

▼9 山岡光太郎『世界乃神秘境アラビヤ縦断記』東亜堂書房、一九一二年、一一二から一一三頁。なお、「アッローハ、アクバル」（今日の一般的な表記では「アッラーフ・アクバル」）は、主語と述語からなる「アッラーはもっとも偉大である」という文であるため、その意を「天照大御神」とするのは文法的にそもそも無理がある。山岡が天照大御神を持ち出した真意は明らかではないが、読者への便宜のために、比較対象として持ち出しただけのようにも読める（同一一二から一一三頁）。

▼10 満鉄会・嶋野三郎伝記刊行会編『嶋野三郎――満鉄ソ連情報活動家の生涯』原書房、一九八四年、四四六頁。なお、山岡の影響か、この嶋野自身はアッラーをたびたび「如来様」と言いかえている。

▼11 有賀文八郎「日本の一回教徒として」『イスラム――回教文化』第六号、イスラム文化協会、一九三九年、三八頁。有賀文八郎「日本に於けるイスラム教」小柳司気太・有賀文八郎『道教の一斑／日本に於けるイスラム教』東方書院、一九三五年、二四頁など。天之御中主神の「一神教的性格」をイスラーム

教と比較する視点は戦後にも引き継がれている（五十嵐一『イスラーム・ルネサンス』勁草書房、一九八六年、一五七から一八五頁）。

有賀はキリスト教徒であったが、ボンベイでイスラーム教に感銘を受けムスリムとなった人物である。晩年をイスラーム教の宣教に費やした。クルアーンの邦訳出版も行なっている。彼は、仏教の僧侶および日本国民に対して、日本国と皇室の繁栄のために「偶像教」（仏教）を棄てイスラーム教を選ぶよう訴えていた（有賀「日本に於けるイスラム教」二八から二九頁）。大隈重信と懇意な関係にあり、大隈にイスラーム教の重要性を盛んに説いていたとも言われる（小村不二男『日本イスラーム史』日本イスラーム友好連盟、一九八八年、一六〇から一六一頁）。

▼12 有賀文八郎「日本に於けるイスラム教」二頁、二二頁。

▼13 同二四頁、二六頁。

▼14 たとえば、笠原芳光「「日本的キリスト教」批判」『キリスト教社会問題研究』第二二号、一九七四年、一一四から一三九頁。

▼15 原正男『日本精神と回教』誠美書閣、一九四一年、特に第一六章「八百万の神の尊崇と回教のアルラー崇拝との調和法」。なお原は、日本語の「カミ（加微）」、中国語の「神」、英語（キリスト教）の「ゴッド」を混同するに至った愚を指摘し、「カミ」に「神」の字をあてたことについても極めて批判的な立場をとっている（原正男『日本民族の根本宗教』原法律事務所、一九六六年、九六二から九七一頁）。

▼16 柳瀬善治「戦前期における〈回教〉をめぐる言説・研究序説――同時代の「文学者」との接点を軸に」『近代文学試論』第四〇巻、二〇〇二年、一六二頁、一六三頁。

▼17 竹内好「北支・蒙疆の回教」『月刊　回教圏』第六巻第八・九号、回教圏研究所、一九四二年、五六か

ら五七頁。

▼18 当時、同様の問題意識は諸宗教の関係者に共有されており、原の『日本精神と回教』と同じような書名の、『日本精神と基督教』(藤原藤男著、ともしび社、一九三九年)、『日本精神と佛教』(高神覚昇著、第一書房、一九四一年)、『日本精神と儒教』(諸橋轍次著、帝国漢学普及会、一九三四年)などが書かれていた。

▼19 原正男『日本精神と回教』三二三から三二四頁。もっとも、ムスリムに対する原の「善意」は植民地主義的、差別主義的でもあった。そしてそれは、原同様に、当時ムスリムに対して「好意的」な立場を示した日本の多くの論客にも共通していた。

▼20 大塚和夫「アッラー、神、アラーの神」『異文化としてのイスラーム――社会人類学的視点から』同文館、一九八九年、二八七から三三八頁。

▼21 なお、キリスト教の神の翻訳についても、大塚と同様の議論が存在する(鹿嶋春平太『神とゴッドはどう違うか』新潮社、一九九七年。上野亘『唯一神は愛なり』いのちのことば社、一九九七年など)。

▼22 平石直昭『一語の辞典　天』三省堂、一九九六年、五から六頁。

▼23 James Curtis Hepburn. 1983. *A Japanese and English Dictionary with an English and Japanese Index*. Charles E. Tuttle Co. An Index: p. 41. なお、「KAMI(神)」の項目には「この言葉は、神道において崇拝される対象にのみ使用される」との説明が付されている(p. 176)。

▼24 実際、飛鳥時代に仏教が日本に伝来して以来、日本で、仏を「蕃神」、「仏神」、「客神」などと呼ぶこともあった。文脈は異なるが、一八世紀前半にロシアに赴いた清朝使節は、ロシア正教を「彼等の仏教」、キリスト教の聖像を「彼等の仏」と呼んでいる(トゥリシェン『異域録――清朝使節のロシア旅行報

告』今西春秋訳注、羽田明編訳、平凡社、一九八五年)。「神」と「仏」は、特定の環境下でのみ、別個のものとして認識されるのである。

▼25
日本のカミは、イスラーム教の世界観の中では、ある面でジン(妖霊)に近い。神仏習合の伝統の中では仏法に帰依したカミも多いが、イスラーム教においても、ジンの中にはアッラーに帰依する者がいると信じられている。構図的には似ている。また、カミは特定の場所の領有者としての性質を持つ場合があるが、一部のイスラーム地域では、地域に住む特定のジンや、条件を揃えることで出現する特定のジンの存在が信じられており、具体的な行為を通じて、そのジンに対する配慮・働きかけがなされる場合もある。

カミの意味が議論される際に頻繁に引用される本居宣長(『古事記伝』)の定義に基づけば、日本語の「カミ」は、一般とは異なる特別な性質を持つあらゆる事物を指す言葉である。本居の定義には彼独自の見解が含まれるが、仮にこの定義を厳密に適用するとすれば、イスラーム教の世界観の中には、アッラー・天使・預言者・聖者(ワリー)・ジンなど、日本語の「カミ」の語によって指し示され得るものが多数存在することになる。

▼26
既述の通り、「アッラー」という言葉の由来が「The イラーフ」であるとの説が存在する。この説に依拠した場合、仮に「イラーフ」を「仏」と訳せば、「アッラー」の方も「仏」、「御仏」などと訳すことができる。

3 日本・イスラーム・文学——宮内寒弥から中田考へ

野蛮な物質主義の西洋による植民地支配からアジアの諸民族を解放しなければならない。そして日本民族の指導の下に、アジアの全ての民族が、東洋の深遠な精神文明、民族と宗教の自治を認める多元的イスラーム法に基づいて共存共栄する王道楽土。それが真人祖父さんが夢見た大日本カリフ帝国だった。▼1

——中田考『俺の妹がカリフなわけがない！』

本書に収めたエッセイ「1　大日本帝国の汎イスラーム主義者」において、戦前・戦中に日本とイスラーム教の間に存在した浅からぬ関係に触れた。日本はかつて、世界のムスリムに対してジハードを称揚し、彼らに、日本の戦う「聖戦」に加わるよう呼びかけた。西方の回民の多い植民地では、彼らのための福利厚生施設を建設し、学校では「イスラーム教育」と呼んでも差し支えないような内容の教育も施している。▼2 日本内地では、イスラーム諸国についての知識を国民に普及させる政策も実施され、官・民・軍の協力により、東京にモスクが建てられもした。かつて日本では、「回教徒」という、宗教的な紐帯によって成立する（と想像された）勢力との共闘が、大東亜の秩序を確立するために必要であると喧伝されていたのである。

しかし、今日の日本においてこれらの事実は忘れ去られている。

臼杵陽（日本女子大学教授、一九五六年生まれ）は、日本でときおり現れるイスラーム教への（わずかながらの）関心が、常に一過性のものとして過ぎ去っていくことを以下のように指摘している。

「イスラームとは何か」という問いが国民的な関心の的になったのは「九・一一」事件が最初ではない。一九七三年の石油ショック、一九九〇‐九一年の湾岸危機および湾岸戦争など日本を揺るがす事件が起るたびに、「忘れ去られたイスラーム」を救い上げようとする動きが起った。にもかかわらず、その都度イスラームが「問題」としてしか設定されず、突然思い出したかのように、短期的に解決されるべき一過性の事態として認識されてきたのは何故なのかを改めて問い直す必要がある。▼3

鈴木規夫（愛知大学教授、一九五七年生まれ）もまた次のように言う。

一九三〇年代に組織化されたイスラーム研究自体は、あきらかに時流に乗ったのであり、敗戦後はそれに乗らなかっただけなのだ。ただ、それがあたかもなかったことのようにされてきた、つまりは「忘却」を導いてきたような、敗戦後の日本社会の心性には、何かイスラームとの関わりを否認せざるをえないような病理があると疑ってかかってもよいのではないだろうか。[4]

ここで鈴木は、戦中日本でイスラーム研究が盛んになり、終戦によってその熱が冷めたのは社会的要請の有無によることに理解を示しつつも、戦後の社会でそうした事実があたかも存在しなかったかのように「忘却」されていることを問題視している。

ところで、この「忘却」を成立させるさまざまな要因の一つが、日本とイスラーム教世界を繋ぐ文学的表象の不在であると考えることは、おそらく不可能ではない。

柳瀬善治（広島大学准教授、一九六九年生まれ）は、戦前期の日本とアジアの関係が想起される際に、〈回教〉という問題群が忘却される事実を指摘し、まさに、この忘却についての日本文学および日本文学研究の責任を難じている。[5]

柳瀬によれば、日本には戦前より、「〈回教〉をめぐる膨大な言説、ジャーナリズム・交通・技術・歴史・政治・資源などあらゆる分野にいたる広がり[6]」が存在した。にもかかわらず、日本文学者はこの事実をまともな形で表象してこなかった。

同時に、日本文学研究者は、日本文学におけるイスラーム教の表象のあり方――あるいはその奇妙な不在――の問題に「徹底的に無関心[7]」であり続けた。日本の「複数の戦後」あるいは「複数の戦前」の中にたしかに存在した〈回教〉という問題群を無視する態度を、「アクチュアリティからの逃避[8]」として柳瀬は批判する。

明治・大正のムハンマド伝

もっとも、戦前および戦中の日本に、イスラーム教に関わるモチーフを取り上げる文学作品がまったくなかったわけではない。むしろ、今日私たちが何気なく想像するよりも、その表象は豊かであったと言えるかもしれない。

たとえば、明治・大正の日本で、ムハンマドの伝記が何冊も出版されている——坂本健『麻謌末』（一八九九年）、池元半之助『マホメットの戦争主義』（一九〇三年）、忽滑谷快天『怪傑マホメット』（一九〇五年）、松本赳『マホメット言行録』（一九〇八年）、口村佶郎『創作・野聖マホメット』（一九二三年）、坂本健一『ムハメツド傳』（一九二三年）など。▼9

筆者の手元に、思想家の仲小路彰（一九〇一年生まれ、一九八四年没）の『砂漠の光』（新光社、一九二二年）という著作がある。この作品も、同時代に書かれたムハンマド伝の一つで、仲小路の処女作でもある。後にスメラ学塾を設立し、各界に影響を与えた仲小路の原点の書は、このムハンマド伝だった。

『砂漠の光』は長篇の戯曲形式で書かれている。作中では、マホメット（ムハンマド）と周囲の登場人物との間に、愛憎をからめた生々しい人間ドラマが展開する。

たとえば、マホメットの愛妻アエシヤ（今日の一般的表記ではアーイシャ）と、サフワン（サフワーン）という男の間に姦通疑惑が持ち上がるシーンがある。疑惑をめぐって、アエシヤ、サフワン、マホメット、マホメットの側近アリ（アリー）の間で次のような会話が交わされる。

サフワン「それから、私は、非常に迷ひ、苦しんだので御座ます。善と悪は——盛んに私の心の中で争ひました。そして遂に私は善に敗けました。——私は、——遂に断念して又帰らうとする時、——此の一隊の人が——参つたので御座ます。」
マホメツト「サフワン、——それに決して偽りはないか——」
サフワン「私は、——生命を賭して真実なる事を申上ます。——」
アエシヤ「ああサフワン——」（泣く）
アリ（アエシヤとサフワンを見くらべつつ）「サフワン——貴様は、——嘘を云つた——嘘だぞ。——」
マホメツト「アリ、——お前はサフワンの告白を嘘と思ふのだな——。」（間）（アエシヤに向つて）「アエシヤ、では此度はお前に聞く。——今云つた、サフワンの言葉にお前は反対する所があるか。——若しあるならば言つて見よ。——」
アエシヤ「マホメツト様、——」（泣き伏す）
マホメツト「アエシヤ、どうした——さあ言へ、言はなくてはならぬぞ。——嘘か、——誠か——」（アエシヤ、泣くのみで答へず）
サフワン（決然と）「さあ、——私を私（ママ）を死刑にでもなんでもして下さい。——私こそ——凶悪な罪人なのですから。——」▼10
アエシヤ「ああ、サフワン——」

妻アエシヤを信じきれないマホメツト、泣きしきりのアエシヤ、アエシヤを疑い真相究明を急き立てるマホメツトの忠実な側近アリ、アエシヤを救うために決死の弁明を行なうサフワンの間の緊迫した掛け合いは、さながらメロドラマのようだ。なお、この掛け合いの後、結局サフワンは処刑されてしまう。

勢力拡大に成功しつつも、ときに孤独を感じ、周囲との関係に苦悩する「人間ムハンマド」の姿は、今日の読者には新鮮に映るかもしれない。

『砂漠の光』はそれなりの数の読者を得たのか、当時の新聞では本書を取り上げたインタヴュー記事が組まれている。[11] 出版から二〇年もあとのことだが、東京では実際に演劇が上演されたようだ。[12]

ところで、作者の仲小路は、ムハンマドを自身のデビュー作の主人公として選んではいるものの、イスラーム教やアラビア文化に特に強い関心を持っていたわけではなかった。「砂漠」や「偶像の破壊」というキーワードが自身の人生観の中で大きな位置を占めていたことが、それらのキーワードを連想させるムハンマドの伝記執筆に彼を向かわせたようである。[13]

実際、『砂漠の光』は演義であり、史実とかけ離れた描写が多い――現代であれば、おそらく出版することはできなかっただろう。「アラビア」、「ムハンマド」、「イスラーム」は、あくまで、仲小路が自身の人生観を投影し、その想像力を具現化するための都合のよい素材に過ぎなかったのかもしれない。

しかしだとしても、日本において、宗教的性格の強いムハンマドの物語が文学のモチーフとして選ばれ得たという事実を、『砂漠の光』ほか、これらのムハンマド伝は示している。

宮内寒弥「贋回教徒」

昭和になると、はるかアラビアの地を夢想するのではなく、日本国内に生活するムスリムに言及する文学者も散見されるようになる。[14]

ここでは、それらの文学者の中から、宮内寒弥（一九一二年生まれ、一九八三年没）という作家に着目することにしたい。宮内は、雑誌『早稲田文科』の創刊者の一人で、「中央高地」が芥川賞候補にも選ばれた昭和の中堅作家である。

宮内のいくつかの小説には、日本に暮らすムスリムが登場する。

一九三八年に発表された「贋回教徒」では、主人公の日本人男性が、在日トルコ人（タタール人）の女性に恋慕を抱いた末にイスラーム教に入信するストーリーが展開する。[15]

主人公は洋装デザイナーの有島という男である。有島は、自分の妻がかつて勤務していた洋装店でトルコ人女性と出会い、彼女に惹かれる。想いが深まるにつれて、彼の中にイスラーム教への関心が芽生え、信仰を持つに至る。

「回教徒」を自認するようになった有島は、イスラーム教に正式に「入門」することを志し、或る「回教僧」に「入門懇願」の手紙を送るものの、何ゆえか一向に返信をもらうことができない。しかし、「入門」を果たせないことで、かえって彼の信仰心は強化される。

> 自分は決して形式的な回教徒ではない。アラーへのこの宿命の如き信仰と絶えざる讃美！　神はわれに不屈の意志を与へ給うではないかと思ふのだ。回教徒と呼ばれて真の教徒に非ざる輩、例へば君府の夫婦を見よ、神は果して彼等に自分のやうに烈々る魂を恵み給つてゐるであらうか。神は、不断に祈る者をのみ宗門に許し給ふ。形式打破。このためにマホメットは迫害と戦つたのではないか、最早、自分にとつて、礼拝堂も教区も形式に過ぎぬ……かうして、

同宗への仲間入りを拒まれたことは彼をして益々熱心な教徒にしたのである。不断に祈り、讃美する者にのみ、神は回教徒の名を許し給ふのだとして……。[16]

形式主義を嫌い、心を真摯に神に向けることのみを信者の条件と考える有島のこのストイックな原則主義は、物語終盤における「棄教」の結末を導く伏線となる。

結局、有島と件のトルコ人女性は結ばれず、半ば有島の独り相撲のまま、二人は離れ離れになってしまう。彼女を忘れられない有島は、ある夜、彼女を夢に見て夢精を経験する。この夢精の経験により、突如として彼は自身の信仰心に疑いを向け始める。自分は結局、神ではなく、女の美しさを崇めていたに過ぎなかったのだ。そう悟った有島は、自らを「偶像崇拝の徒」、「贋教徒」と断罪し、「さようなら、神(アラー)よ、マホメットよ」[17]とつぶやいて「棄教」する。

トルコ人女性との出会いをきっかけにイスラーム教に入信し、彼女との別れによって信仰からも離れていくこの物語は、イスラーム教を、あくまで日本の中に存在する「他者」として描いたものと言えるかもしれない。しかし、少なくとも宮内は、肉体的な交わりが可能な距離の中に、「回教」を描こうとした。

「未来」

宮内は、「贋回教徒」を発表した四か月後に、「未来」という作品を発表する。

読んですぐ気が付くことは、この「未来」のプロットが「贋回教徒」のそれと酷似していることである。「未来」の主人公もまた、ムスリムの女性と出会い、自身もムスリムとなり、その後、その女性との別れを経験する。

宮内はなぜ、プロットの酷似する作品を再び書いたのだろうか。「未来」の主人公曾我は、貸室管理人として平穏な日常を送る日本人男性である。曾我は、物語冒頭からすでにムスリムとなっている。小説を読み進めると、彼の管理する部屋に住むことになったトルコ人（タタール人）女学生を介してイスラーム教を知り、その教えに感銘を受けたことが入信のきっかけだったことがわかる。この女学生と曾我は、相思相愛の恋愛関係にある。

英語のできる曾我は、仕事の合間にクルアーンの英語訳を少しずつ日本語に翻訳しているのだが、この翻訳作業は、件のトルコ人女学生の「仕事」に必要だということで始めたものである。二人は、彼女の「仕事」に目途がつき次第、東京か、彼女の故郷の樺太で一緒になることを誓い合っている。ところが彼女は、卒業を機に樺太へ帰郷する途中、不慮の事故に遭いこの世を去ってしまう。曾我は一人残される。

しかし、「贋回教徒」で描かれた「棄教」の結末とは対照的に、「未来」の主人公曾我は、死別の悲しみを神からの試練と捉え、その信仰を強く保つ。


風の如く私の耳に伝つたのは、前に申した如き、そなたの訃だつたのである。けれど、私は別離の日のやうなかなしみは持たなかつた。回教徒であつてみれば、そなたが必らず、力強く経典に描かれた花園に導かれたと信ずるからである。▼18

「永遠の花園」で彼女との再開を果たす「未来」を想いながら、クルアーンの翻訳作業に専心する主人公の姿を描き、小説は終わる。「未来」には、他者としてのイスラーム教を喪失した後にも、独り、日本人回教徒としての人生を生きる者の可能性が示されている。

ところで、「未来」が「贋回教徒」と異なるのは、結末だけではない。「未来」には、登場人物たちが、仏教やキリスト教と比較しながら、イスラーム教の教えをやや饒舌に批評するような場面がある。たとえば、トルコ人女学生の口からは次のように語られ、他の宗教とは別種の教えとしてイスラーム教が提示される。

> マホメット様は、貧しい商家に生れて、隊商になつたり、銃をとつたり、年上の未亡人に愛されたりして、生きた方よ。基督のように勿体ぶつたり、仏さんのやうに死んだ先のことを考へるばかりしないのはそこなのよ。[19]

曾我は曾我で確固としたイスラーム教観を持っている。以下の言葉は曾我のものだ。

> 筋をそれることになるが、正直に云つて、はるなくしては回教に触れる機会なかつたと思はれる私である。しかし、今の私は、凡ゆる宗教の中で、回教が最も現実的精神に溢れ、又最も素朴な形式を持つことを発見して人知れず欣ぶものである。これは、大切なことに属すると信ずるのだ。再びいふが、回教の教義は「ひたすらに祈り、よく忍ぶべし」に尽きる。敢へて一部の民衆とは言はぬ、時利あらずして不幸におち、苦しみと絶望を支ふべき気力も失せんとする人に、せめて、断えざる祈りに酬ゆるに不撓の意志を以つてする神のあるを知つて

貰ひ度いこと、切なのである。[20]

「未来」の主人公は、イスラーム教を、「トルコ人の宗教」、「恋人の宗教」としては捉えていない。彼の中でそれは、日本人一般に意味を持ち得る教え――救いをもたらし得る教え――として、自らの恋愛とは切り離された形で理解されている。

イスラーム教の教え自体へのこうした言及は、「贋回教徒」ではなく、「未来」においてはっきりと確認される。

「未来」が「贋回教徒」と異なるいま一つの点は、「未来」が、「贋回教徒」で前面に押し出されていた性欲のテーマから離れていることである。

鈴木貞美（国際日本文化研究センター名誉教授、一九四七年生まれ）が「性愛をテーマとした作風」と評するように、[21]「贋回教徒」では性欲が物語の大きな主題になっていた。主人公の有島がトルコ人女性に惹かれたのは、何よりも彼女の肉体的な美しさ故だった。有島が自らを「贋回教徒」と判断したのも、性欲に囚われている自分を発見したためであった。

しかし、「未来」では事情が異なる。本作では、トルコ人の女性性は極めて希薄に描かれており、曾我が彼女に向ける愛もプラトニックなものであることが強調されている。「贋回教徒」の有島が苦悩した性欲の問題を、「未来」の曾我がさらりと克服するような描写もわざわざ挿入されている。「未来」では、「贋回教徒」において目立っていた性欲というテーマが意識的に退けられている。

「未来」において宮内は、宗教としてのイスラーム教自体への言及の度合いを強めるとともに、信仰以外のテーマを排斥した。この辺りに、彼が「未来」を執筆した目的も見出せるのではないだろうか。

宮内が「日本イスラーム文学」の可能性を模索したと言えば、あるいは言い過ぎになるかもしれない。しかし、少なくとも彼が、複数の作品の主人公を日本人ムスリムとして描きながら、イスラーム教を自身の文学の素材として受容しようと試みていたことはたしかである。

中田考『俺の妹がカリフなわけがない！』

今一度、「忘却」の問題に話を戻そう。

宮内が試みたような「日本を舞台とするイスラーム文学」には、今日ではあまりお目にかかれない。純文学においても、エンタメ小説の中でも、イスラーム教という要素が有機的な意味を持つことはまれだ。

定金伸治『ジハード』（一九九三年）や古泉迦十『火蛾』（二〇〇〇年）、陣野俊史『泥海』（二〇一八年）など、イスラーム教が描かれる作品はいくつか思い浮かぶが、これらの作品は基本的に中東や欧州を舞台としている。日本人ムスリムとおぼしき人物も、もちろん登場しない――陣野の『泥海』には、「テロ」に対してある種の「共感」を覚える日本人ハヤマ・シュンが登場するが、彼がイスラーム・テロの実相にかろうじて触れるためには、日本を離れ、パリの町を何か月もさまよう必要があった。イスラーム教はいつも、日本から遠い場所に存在する。

この点において、イスラーム学者の中田考（元同志社大学教授、一九六〇年生まれ）が二〇二〇年に晶文社から上梓したライトノベル『俺の妹がカリフなわけがない！』――以下『オレカリ』と呼ぶ[22]――は、一つ特異な作品と言える。

『オレカリ』は、現代日本が舞台の学園ものだ。しかし同時に、ムスリムの物語でもある。なお、タイトルは言うまでもなく伏見つかさ『俺の妹がこんなに可愛いわけがない』（二〇〇八年）のオマージュであるが、内容はまったく関係がない。

『オレカリ』のストーリーはこうだ。

君府学院に通う主人公の男子高校生天馬(てんま)垂葉(たるは)は、自身の双子の妹愛紗(あいしゃ)が、「自由と正義に基づく地球の解放」を公約に掲げて生徒会長に当選し、生徒会長の役職名を「カリフ」に改称したことに困惑する。じつは、天馬家と君府学院は、大日本カリフ帝国建国の野望を垂葉の曾祖父から受け継ぐ存在だった。垂葉は、カリフ帝国建国を目論む愛紗たちの活動(ドタバタ)に巻き込まれていく……。

『オレカリ』の著者中田は、イスラーム政治哲学を専門とする研究者である。ムスリムとしての自身の思想も積極的に発信している。二〇一四年には、内戦中のイラクへの渡航を希望する青年の渡航援助を試みたため、私戦予備及び陰謀罪の容疑で警視庁公安部の捜査対象となり、世間を騒がせたことがあった（二〇一九年に不起訴処分）。「事件」を通して中田の名を知った読者も多いかもしれない。

『オレカリ』の表紙。左が主人公の天馬垂葉。中央がカリフを自称する天馬愛紗

中田は、一五年ほど前から、ビデオゲームや音楽、マンガなど、論文や学術書以外の媒体による表現の可能性を模索していた。その間、『オレカリ』の試作版を含むラノベやマンガの同人誌をコ

ミケなどに出品していたが、『オレカリ』が初めての商業出版となる。

中田は近年、著作やSNSにおいて、現代イスラーム世界の喫緊の課題として、「カリフ制再興」の義務を訴え続けてきた。現代のムスリムにとって、カリフの擁立はイスラーム法上優先的に取り組むべき義務であり、カリフ制こそ、イスラーム教世界と非イスラーム教世界の共存のための基盤となる、との主張だ。その意味で『オレカリ』は、冗談のようで、じつは中田の思想のまさに中心的テーマを扱っている。

にもかかわらず、日本人女子高生がカリフを宣言するこのラノベは、あくまで中田の「遊び」として捉えられている感が強い。中田に対して好意的な論者によっても、反対に、批判的な論者によっても、『オレカリ』はほとんど「論評」されていない。

しかし筆者は、このラノベを「遊び」として片づけてしまうことにどこか物足りなさを感じる。このラノベに、別の意味を与えることはできないだろうか。たとえばこの作品を、戦前から今日に至るまでの、「忘却」された日本-イスラーム間関係と、その表象の問題について、時代をまたぐ視座を作り直す文学的試みとして捉えることはできないだろうか。▼23
本エッセイの冒頭で言及した柳瀬の指摘を思い出してほしい。

戦前の日本には、「〈回教〉をめぐる膨大な言説、ジャーナリズム・交通・技術・歴史・政治・資源などあらゆる分野にいたる広がり」があった。にもかかわらず、日本文学はイスラーム教世界を文学の素材として受容することができなかった。

筆者の見解では、日本文学のこの「失敗」は、〈回教〉という、日本の歴史に横たわる問題群が忘却される条件を成立させている。さほど読まれていない作品に対する評価としては大げさすぎるものであることを承知の上で言えば、『オレカリ』は、この「失敗」からの回復を指向する作品として読むことが可能である。

『オレカリ』の企て

『オレカリ』は日本を舞台とする日本人の物語である。しかし、この物語の中でイスラーム教は、外部から到来するものとして描かれていない。イスラーム教は、すでに日本に根を持つ要素として物語の世界に組み込まれている。

主人公の通う君府学院は、大日本カリフ帝国建国の野望のために、主人公の曾祖父がタタール人ウラマーのアブドゥルレシト・イブラヒムと共に創立したものとされる。本書の別のエッセイで取り上げたように、イブラヒムは実在の人物で、晩年を戦中の日本で過ごし、日本の回教政策に協力した汎イスラーム主義の活動家である。

主人公の曾祖父が大アジア主義者であったという設定にも注目すべきかもしれない。この設定は、作中ではさほど重要な機能を果たしていないようにも見えるが、読者に対し、日本とイスラーム教の歴史的な関係を想起するように働きかける。戦中日本の回教政策には、アジア主義の思想とその担い手が深く関与していた。また、当時ムスリムとして活動した日本人の多くは、ムスリムであると同時に、アジア主義の信奉者でもあった。

中田は、ポストモダン的な遊びとして「日本」と「イスラーム」を結び付けているわけではない。イブラヒムやアジア主義を介することで、日本のリアルな歴史に素地を持つ要素としてイスラーム教を描いている。現代日本を舞台に展開するカリフ帝国再興の物語は、戦前・戦中のリアルな日本から継承されるイスラーム教の物語なのである。

とはいえ、愛紗らが試みる日本発のカリフ帝国再興というモチーフは、一見突拍子もないものに感じられるかもしれない。「日本」と「カリフ」を結び付けることへの違和感は、作品の登場人物によっても「厨二病の妄想」[24]と言い表されている。これは、多くの読者が抱く一般的な感覚だろう。しかしながら、カリフ制を指向するような「厨二病」的妄想が、戦前・戦中の現実の日本には見え隠れしていた。

明治・大正時代のジャーナリスト渡辺巳之次郎（一八六九年生まれ、一九二四年没）は、その著書『回教民族の活動と亜細亜の将来』（一九二三年）の中で、アジア諸国の復興を加速させる政策として、イスラーム系諸民族を参画させた地球規模でのカリフ制の確立を提言している。

渡辺の基本構想は、まず、世界規模で汎イスラーム主義を称揚し、各地のムスリムから成る大連合本部を設立、その主宰者としてカリフを選出し、さらにこれをトゥーラン主義運動と連動させる、という大規模なものだった。[25]イスラーム系諸民族の間に不満が出ないようにカリフを任期制にする可能性や、政治的な問題が生じる場合には「カリフ」という名称にこだわる必要はないことを論じるなど、政策の細かい部分にも考えを及ばせている。

これはあくまで渡辺一個人の提言であったが、昭和初期には、中国西北部に日本の傀儡となるイスラーム帝国を建国する計画が、日本政府によってまじめに検討されたこともあった。帝国建設に際しては、旧オスマン帝国の太子を擁立する可能性もあったと言われている。この政策が仮にも実現していれば、トルコ共和国が廃したカリフ制を、あるいは日本が再興するということにもなっていたかもしれない。

日本とカリフ制が接近する事態は、一部の日本人が勝手に妄想していただけではない。当のカリフが生きていた二〇世紀初頭のオスマン帝国では、日本がイスラーム教国家に転じ、天皇がカリフ位を宣言する可能性を危惧する向きがあった。突飛な発想にも思えるが、日本が大量のムスリムを抱えるアジアに覇権を及ぼせるとき、天皇あるいは日本国自体がイスラーム化することで、イスラーム系民族の民心をある程度掌握することができる（と同時に、腐敗したオスマン帝国から民心は離れていく）。オスマン帝国の側からすれば、その可能性を憂慮するのは当然の理だった。一方、まったく反対に、体制が危惧したこの可能性を、むしろ待ち望む声もあった。すなわち、イスラーム教に改宗しさえすれば、腐敗したオスマン帝国のスルタンよりも、徳を具えた日本の天皇こそが、世界のムスリムを率いるカリフとしてふさわしい、と主張する論者も存在したのである。[26]

こうした「恐れ」や「期待」が集団的な幻想となったのか、中東では、天皇のイスラーム改宗にまつわる噂が広まることもあった。この噂は、対外戦略として日本側が意図的に広めたとも言われている。[27]

日本人の女子高生である愛紗がカリフになるという『オレカリ』の構図は、近代史上に表出した、「カリフ制を再興する日本」あるいは「カリフ帝国としての日本」という可能世界の片鱗を、今日の日本を舞台に描き直すものだ。

中田は従来、〈現代・日本〉という地点からイスラームを捉えるためにはどうすればよいかという強い問題意識を持ち、日本の読者に向き合ってきた。[28] そのような論者が、日本におけるイスラーム教の文学的表象の欠落に目を向け、「日本イスラーム文学」の（再）開拓に向かうのは、極めて自然なことだったと言える。

中田はときに、イスラーム教のイデオロギーを日本に植え付けようとする危険な活動家、もう少しマイルドな表現を好む論者からは、日本でイスラーム教の「布教」に熱心に取り組む宗教家として批判されることがあるが、かかる批判の中で『オレカリ』が取り上げられることはない。それは、前述のように、『オレカリ』が中田の「遊び」とみなされているからであろう。

しかし、筆者の見解では、『オレカリ』は中田の思想活動の一つの達成であり、彼のもっとも「危険な」著作である。中田は『オレカリ』の「前書」の中で、「二次創作も大歓迎」、「私の代わりに誰かが『俺の妹がカリフなわけがない！　第二部』を書いてくれてもいっこうに構わない」[29]と述べ、物語の利用を読者一般に開放している。忘却された日本イスラーム史を想起させること、そのための文学の可能性を再び開くこと。そこに『オレカリ』の企てがある。

註

▼1　中田考『俺の妹がカリフなわけがない！』晶文社、二〇二〇年、二四から二五頁。

▼2　新保敦子『日本占領下の中国ムスリム——華北および蒙疆における民族政策と女子教育』早稲田大学出版部、二〇一八年。Kelly A. Hammond. 2020. *China's Muslims & Japan's Empire: Centering Islam in World War II*. The University of North Carolina Press.

▼3　臼杵陽「戦時下回教研究の遺産——戦後日本のイスラーム地域研究のプロトタイプとして」『思想』第九四一号、二〇〇二年、一九一頁。

▼4　鈴木規夫『日本人にとってイスラームとは何か』ちくま新書、一九九八年、一七六頁。

▼5　柳瀬善治「戦前期における〈回教〉をめぐる言説・研究序説――同時代の「文学者」との接点を軸に」『近代文学試論』第四〇巻、二〇〇二年、一五六から一六七頁。

▼6　同一六四頁。

▼7　同一六四頁。

▼8　柳瀬善治「世俗的批評の〈神学的次元〉――「9・11」・「複数の戦後」」『日本近代文学』第六六集、二〇〇二年、二四八頁。

▼9　杉田英明『日本人の中東発見』東京大学出版会、一九九五年、一四八から一四九頁。日本で一連のムハンマド伝が書かれるきっかけを作ったのは、一八九三年に邦訳が出版されたトマス・カーライル（Thomas Carlyle：一七九五年生まれ、一八八一年没）の『英雄崇拝論（*On Heroes, Hero-Worship, and the Heroic in History*）』だったようである。この本は、ムハンマドを人類史上の「英雄」の一人として取り上げており、当時日本でも広く読まれていた。この点に鑑みれば、この時代の日本におけるムハンマド伝の執筆は、アラビア趣味というよりも、むしろ西洋趣味に基づくものであったと言えるかもしれない。

▼10　仲小路彰『砂漠の光』新光社、一九二二年、五九八から六〇〇頁。旧字体は新字体に改めた。

▼11　「仲小路彰氏が自著「砂漠の光」に就いて語る」『読売新聞』大正一二年六月一八日、第七面。なお、野島芳明（一九二五年生まれ）によれば、『砂漠の光』は当時「ベストセラー」になったという（野島芳明『昭和の天才仲小路彰――終戦工作とグローバリズム思想の軌跡』展転社、二〇〇六年、三〇三頁）。

▼12　昭和一七年六月から一一月に上野のイタリア文化会館でレオナルド・ダ・ヴィンチ展覧会が開催された際、会場の内庭で『砂漠の光』が毎日上演されたという（野島芳明『昭和の天才仲小路彰』二九から三

〇頁）。本展覧会は、仲小路の主導の下、レオナルド・ダ・ヴィンチ展覧会委員会（会長は末次信正海軍大将）が開催したものである。

▼13 「仲小路彰氏が自著「砂漠の光」に就いて語る」『読売新聞』大正一二年六月一八日、第七面。

▼14 この時期の文学者による在日ムスリムへの言及については福田義昭（大阪大学准教授、一九六九年生まれ）による一連の紹介がある。福田義昭「昭和期の日本文学における在日ムスリムの表象（1）――東京・朝鮮篇」『アジア文化研究所研究年報』第五〇号、二〇一六年、九一（二五六）から六九（二七八）頁。「昭和期の日本文学における在日ムスリムの表象（2）――神戸篇（前篇）」『アジア文化研究所研究年報』第五一号、二〇一七年、一二九（三〇八）から一〇八（三二九）頁。「昭和期の日本文学における在日ムスリムの表象（3）――神戸篇（後篇）」『アジア文化研究所研究年報』第五二号、二〇一七年、一（三六六）から二一（三四五）頁。「昭和期の日本文学における在日ムスリムの表象（4）――軽井沢篇」『アジア文化研究所研究年報』第五三号、二〇一九年、一（二三八）から一八（二二一）頁。

▼15 この他、主要登場人物が明示的にムスリムであるとわかる宮内作品に、後述の「未来」（一九三八年）、「土耳其人サギタ嬢に失戀した頃」（一九三八年）、「ぶるぅ・ぶつく」（一九四〇年）がある（福田義昭「昭和期の日本文学における在日ムスリムの表象（1）――東京・朝鮮篇」八〇頁）。

▼16 宮内寒弥「贋回教徒」『中央高知』砂子屋書房、一九三八年、二七三頁。旧字体は新字体に改めた（以下同様）。引用文中にある「君府」は、有島の妻が勤めていた洋裁店「君府洋裁店」を指す。なお、「贋回教徒」は、『中央高知』に収められる前に『早稲田文学』昭和一三年六月号（第五巻第六号）に掲載されているが、文言に多少の異同がある。本エッセイの引用は『中央高知』版から行なった。

▼17 「贋回教徒」二八〇頁。

▼18 宮内寒弥「未来」『中央公論』昭和一三年一〇月号、一九三八年、創作二八頁。旧字体は新字体に改めた（以下同様）。

▼19 「未来」一九頁。

▼20 「未来」二〇頁。

▼21 鈴木貞美「「私」の位置」『宮内寒彌小説集成』作品社、一九八五年、五一八頁。「贋回教徒」の性欲のテーマは福田も指摘するところで、トルコ人女性の、白人女性でありながらどこかアジア人風の風貌に性的な魅力を見出す主人公の視点を分析している（福田義昭「昭和期の日本文学における在日ムスリムの表象（1）——東京・朝鮮篇」二六九から二七一頁）。

▼22 単純に略せば「俺カリ」になるが、著者の中田が頻繁に用いる「オレカリ」の表記を採用する（中田考Xアカウント、URL=https://twitter.com/hassankonakata）。

▼23 中田自身の執筆意図はここでは関係がない。中田自身は、現代におけるイスラーム法の再生が『オレカリ』執筆の目的（の一つ）であると述べている（中田考『増補新版 イスラーム法とは何か？』作品社、二〇二一年、二九六頁）。

▼24 中田考『オレカリ』二五頁。

▼25 渡辺巳之次郎『回教民族の活動と亜細亜の将来』大阪毎日新聞社、一九二三年、五六四から五六八頁。

▼26 Renée Worringer. 2014. *Ottomans imagining Japan: East, Middle East, and non-western modernity at the turn of the twentieth century*. Palgrave Macmillan. pp. 100, 284n150. 杉田英明『日本人の中東発見』二二一頁。

▼27 Worringer. *Ottomans imagining Japan*. p. 81.

▼28 たとえば、中田考『イスラームのロジック——アッラーフから原理主義まで』講談社選書メチエ、二〇

〇一年、特にその「プロローグ」および第二章にこのような問題意識が明確に表れている。

▼29 中田考『オレカリ』五頁。

4　ムスリムとの対話？

「ムスリムとの対話」をイスラーム教理解のための有効な手段とみなす人は多い。たしかに、頭で理解しようとするよりも、肌身で現場を知った方が一足飛びに勝手がわかるということはよくある。「ムスリムとの対話」の手法は、日本の教育現場でも積極的に用いられている。中学校や高等学校、大学において、教室に在日ムスリムを招き、生徒・学生に話をしてもらう、あるいは、生徒・学生との間で質疑を行なうような実践が見られる。こうした授業実践については一定の成果が報告されており、よりよい方法を模索する議論・反省も活発になされている。▼1

しかし、ムスリムとの対話を試みるときに、一体、誰の話を聞けばよいのかという問題はあまり意識されていない。教育関係者（あるいは研究者や行政関係者）が在日ムスリムにアクセスする際には、国内のモスクやイスラーム教団体などに連絡をとり、それらの団体が推薦する人物と話をするのが一般的な手順だ。

しかし、その他のマイノリティー集団とまったく同じように、在日ムスリムもけして一枚岩の集団ではない。日本で「宗教」と言うと、信者を統括・指導する「教団」が存在し、トップダウンで構成員の考え方や行動が統一されるイメージを持つ人もいるかもしれない。しかし、イスラーム教にはそもそも教会組織のようなものがない。モスク（イスラーム教礼拝所）はあくまで礼拝する場所を提供しているだけで、氏子や檀家のように、信者が登録されているわけではない。ムスリムの中には、モスクやイスラーム教団体と日常的な関わりを持たずに生活する人もいる。ムスリムとの対話を試みる人たちが、特定の団体頼りで対話の相手を選べば、いつも同じ人とばかり「対話」をすることにもなりかねない。

「ムスリムとの対話」を一過性のパフォーマンスに終わらせず、共生に繋がるような実践に昇華させるためには、対話の主体の問題を考える必要がある。それは、どのような意味で「対話」や「共生」を捉える場合にも言えることだ。[2]本エッセイでは、ムスリムと対話する際に、はたしてどのムスリムと対話すべきなのか、という問いを考えるための、二、三の論点を提示したい。この問題は、ムスリムとの対話にのみ関わるのではなく、今日の日本に存在するさまざまな宗教的コミュニティーとの対話においても同様の重要性を持ち得るだろう。

日本社会の構成員としてムスリムを捉える

今日、日本の多数派社会と対話するムスリムとして想定されるのは、ほとんどの場合外国人のムスリムである。この種の対話は、「多文化共生」や「異文化理解」と関連付けられ、ムスリムではない日本人が、ムスリムである外国人をどのように理解し、どのように共生を目指すのか、という課題として捉えられる。

しかし、今後そのような姿勢には、修正が求められるかもしれない。なぜなら、日本国内には現在、数万人の日本人ムスリムがいるからである。日本人ムスリムの数ははっきりとはわかっていないが、日本国籍を持つ者と永住者を合わせて、四万人とも、六万五〇〇〇人とも言われる。[3]なお、この数は、ムスリムと推定される外国人を配偶者や親に持つ日本人や、日本のイスラーム教団体の日本人会員数などを基に推計されている。しかしながら、実際には、モスクなどの団体に認知されていない日本人ムスリムも多い（私の知人にもそうした人が大勢いる）。また、周囲にイスラーム教への入信の事実を隠しているムスリムもいる。そのため、筆者の個人的な感覚では、日本人ムスリムの実数はデータが示す数よりも大きい。

世界的に見ても、ムスリムの数は、絶対値としても相対値としても増加の傾向にあり、今世紀中には、イスラーム教が世界最多の信者を抱える宗教になることが予測されている。おそらく、日本人ムスリムの数も微増していくだろう。日本においても、日本人ムスリムが今日における日本人キリスト教徒と同程度には、「自然な」存在になっていくかもしれない。

そうなれば、ムスリムをいつまでも日本にとっての「他者」として考えることはできなくなってくる。[4]「ムスリムとの対話」は、「日本とイスラーム教の間の対話」でも、「日本人と外国人の間の対話」でもなく、日本社会の構成員同士の対話として行なわれなければならない。

「宗教的マイノリティー」としてムスリムを捉える

「対話」が行なわれるということは、対話する複数の主体の間に、何らかの差異が認められることを意味する。

しかし、「ムスリムとの対話」における彼我の差異を、ただ単に、価値観や世界観が同じではない、という意味でしか意識できないとすれば、その対話は危ういものとなる。なぜなら、対話する二者の間に存在する力の非対称性に気が付けていないからだ。

日本において、ムスリムは「宗教的マイノリティー」である。対して、日本の多数派社会に属する人たちは、社会的権力を有する「宗教的マジョリティー」と言える。マイノリティー／マジョリティー間で行なわれる「対話」には、マジョリティーからマイノリティーに対する加害可能性が付随する。特に、彼我の力の非対称性を自覚できない場合、対話の中で加害が容易に発生してしまう。▼5

しかし、日本の多数派社会に属する人たちが、自分たちを「宗教的マジョリティー」として認識するのは簡単ではないかもしれない。「普通の日本人という意味ではマジョリティーかもしれないが、特定の信仰は持っていないから、宗教的マジョリティーと言われてもピンとこない」という人が多いのではないだろうか。特に、「無宗教」を自認し、自分たちが「宗教や信仰の世界」から隔絶した立場にあると信じている人たちは、自らを宗教のスペクトラムの中に位置づけることに慣れていない。

しかし、「特定の信仰を持たない」ことも、「無宗教」であることも、外から見れば一つの信条であり、一つの宗教的な立場である。日本人には、「無宗教」を人間の自然状態だと考える人が多いが、そのように思っていられるのは、あるいは、宗教について意識せずに暮らせるのは、自分たちが、自分たちの信念体系や行動規範に沿う形に社会を構築し、別の信念体系・行動規範を奉じる人たちを沈黙させるだけの社会的権力を持つマジョリティーだからに他ならない。

非ムスリムがムスリムを招く形で行なわれる「対話」の場では、ときに次のような質問がムスリムに対して向けられることがある——「テロについてどう思うか」、「礼拝ができないときはどう感じるか」、「異教徒は嫌いか」、「豚のぬいぐるみをどう思うか」。マイノリティーに対してこうした不躾な質問を畳みかけるのは、典型的なマイクロ・アグレッション（微細な攻撃）である。しかし、相手との関係がフラットなものであると思い込んでいると、そのことに気が付くのは難しくなる。「ムスリムとの対話」が行なわれるとき、ムスリムと対話する側の人間も、無色透明な存在ではない。自分が何者であるのか、少なくとも相手にとってどのような存在なのかということを無視しては、語のいかなる意味においても、「対話」は成り立たない。

複合マイノリティーに目を向ける

同じ日本に暮らすムスリムの間にも、考え方の違いが存在する。複数の人間が集まる以上、コミュニティー内部には力の不均衡が発生する。

ムスリムを「代表」し、表立って意見を表明する人たちの背後には、対話の相手にされず、インタビューにも選ばれず、意見を表明する場のない「サバルタン」（従属的存在）がいる。モスクやイスラーム教団体の主要構成員と、思想的傾向／政治的信条／国籍／活動方針／生活様式が異なるために、コミュニティーに参加しづらくなったり、明示的に排除されている人たちである。

コミュニティーからはっきりと排除されていなかったとしても、ある種の傾向を持つムスリム

（ムスリム・コミュニティー内で権力を持たないムスリム）は、日本の多数派社会との対話の場から遠ざけられている。

モスクやイスラーム教団体で決定権を持つムスリムは、マジョリティーから見て、扱いやすい、話のわかる、「良いマイノリティー」として自分たちを表象しようと努める。彼らは、「私たちは日本で不自由なく暮らしている」、「差別や偏見は感じない」と述べ、「マイクロ・インバリデーション」（無効化）に加担するようなコミュニケーションを促す傾向が強い。[6] そのため、日本社会により少なく順応・包摂されている（ように見える）ムスリムや、日本社会への不満を持つムスリム、実際に偏見や差別にさらされていて、その問題についてのマジョリティー側の責任に言及しかねないムスリム、マジョリティーの目から奇異に映りそうなムスリムを、意識的にではなくとも（実際には意識的であることが多いが）対話の場から遠ざけようとする。

こうした「サバルタン」の中には、性的マイノリティーのムスリムも含まれる。イスラーム教のより「正統」とみなされている教説は、同性愛者やトランスに対して非親和的である。[7] そのため、日本の小さなムスリム・コミュニティーの中で、彼らが自身の性的な問題をオープンに語ることは憚られる。場合によっては、彼/彼女らに対する重層差別のようなものも発生する。

現代では、性的マイノリティーのムスリムを積極的に受け入れることを表明するインクルーシブなモスクや団体がさまざまな国に存在するが、日本にはまだそのような場所はない。[8] 日本にいる性的マイノリティーのムスリムは、自身の性的アイデンティティーを隠すか、モスクなどにあまり関わらずに生活している。

こうした交差的な被差別的属性を持つマイノリティーは、彼らの属するマイノリティー集団に対する差別が発生した際に、その集団の「強い」構成員に対しては何らかの理由で行使されずに留まっている暴力の被害を、一身に受けることになるかもしれない。つまり、ムスリムへの差別や暴力は、ムスリム・コミュニティー内で権力を持つ人ではなく、ムスリム・コミュニティー内でもほとんど無視されているような人に、まずは降りかかることになる。そして、その人への差別を放置することによって、差別の対象がなし崩しに拡大することにもなる。

交差的な被差別的属性を持つムスリムや、マイノリティーとして「模範的」ではないムスリムの存在を無視し、その声に耳を傾けないことは、ムスリム全体に対する差別と暴力が拡大する道筋を、十分な形で温存してしまう。

もちろん、ムスリムの側にとっても、ムスリムと対話する側にとっても、「サバルタン」のムスリムが有する複雑な交差性を受け止めるのは難しいことかもしれない。しかし、たとえば、トランスを含む複数の性的マイノリティーの日本人ムスリムにインタビュー調査を行ない、彼らの宗教意識をくみ取った梅津綾子（名古屋大学特別研究員）の研究のような例もある。▼9 これまでとは異なる形での在日ムスリムとの対話は、けして不可能な課題ではない。

対話の場に現れないムスリムは、外部からはその存在が可視化されにくい。しかし、「対話」を通して目指される「共生」という課題が、この社会の中でより弱者の立場にある人の声を聞くことを指向するものだとするならば、このような「サバルタン」の声にこそ耳を傾けるべきであろう。

▼註

▼1 たとえば、荒井正剛・小林春夫編著『イスラーム／ムスリムをどう教えるか——ステレオタイプからの脱却を目指す異文化理解』明石書店、二〇二〇年。

▼2 一言で「対話」、「共生」と言っても、その言葉で何を意味するのかについては一致した見方はない。イスラーム教をめぐる対話と共生の問題系については、桂悠介（立命館大学衣笠総合研究機構専門研究員）によって、論点や今後の課題を整理した優れた論考が書かれている（桂悠介「イスラームをめぐる共生——多元的アプローチのために」『思想』第一一七六号、二〇二二年、二五から四五頁）。また、共生という言葉の意味についての複数の立場を比較し、それらを乗り越えるためのメタ理論について検討する桂の以下の論文も参照のこと。桂悠介「創発的パラダイムとしての「共生学」の確立に向けて——共生の諸課題とメタ理論的視座の必要性」『共生学ジャーナル』第四号、二〇二〇年、一から二九頁。

▼3 店田廣文「日本人ムスリムとは誰のことか——日本におけるイスラーム教徒（ムスリム）人口の現在」『社会学年誌』第五九号、二〇一八年、一〇九から一二八頁。店田廣文「世界と日本のムスリム人口2018年」『人間科学研究』第三二巻第二号、二〇一九年、二五三から二六二頁。大橋充人『在日ムスリムの声を聴く——本当に必要な〝配慮〟とは何か』晃洋書房、二〇二一年、二二三から二二五頁。

▼4 桂は、日本人ムスリムの存在に着目したコンヴァージョン研究に、日本の多数派社会がイスラーム教を外国の文化としてしか捉えない傾向を変え、日本の多数派社会とムスリムの間の相互浸透性を確保する可能性を見出している（桂悠介「コンヴァージョン研究を通した共創の可能性——日本の主流社会とイスラームの関係を捉える出発点として」『未来共創』第七巻、二〇二〇年、一六一から一九二頁）。

▼5 サラ・アーメッド（Sara Ahmed：一九六九年生まれ）の指摘するように、マジョリティーが設ける「対話」や「議論」の場は、ときに、差別の被害者の口を封じ、彼らを排除する方策にさえなり得る（サラ・アーメッド「ハンマーの共鳴性」藤高和輝訳、『現代思想』二〇二二年五月号、青土社、九九から一〇一頁）。

▼6 「マイクロ・インバリデーション（microinvalidation）」とは、マイノリティーの人間が経験したリアリティーや感情を無視し、なかったことにするようなマイクロ・アグレッションの一形態である（デラルド・ウィン・スー『日常生活に埋め込まれたマイクロアグレッション――人種、ジェンダー、性的指向：マイノリティに向けられる無意識の差別』マイクロアグレッション研究会訳、明石書店、二〇二〇年、七八から八一頁）。

▼7 たとえば、青柳かおる「イスラームにおける同性愛――伝統的解釈を中心に」『人文科学研究』第一四七巻、Y1－Y19頁を参照。

▼8 白石雅紀・酒井美里・戸田有一「複合マイノリティに関する諸課題の検討――ムスリムSOGIマイノリティ」（『東京未来大学研究紀要』第一五巻、二〇二一年、七九から九二頁）のように、「非イスラーム教諸国におけるムスリムのSOGIマイノリティー」というモデルを取り上げ、日本における課題と、彼らに対する可能な配慮・支援の方向性について考察する貴重な研究も存在する。しかし、国内のムスリムの間ではこの種の話題はあまり好まれていない。

▼9 梅津綾子「日本人LGBTムスリムと同性愛的行為・同性婚――信仰とセクシュアリティの両立に関する予備的考察」『年報人類学研究』第一三号、二〇二二年、一三七から一四九頁。

付録① 有賀文八郎「日本の一回教徒として」（現代語訳）

紹介　ここに収録したのは、本書の「2　アッラーのほか、仏なし」で言及した日本人ムスリム有賀文八郎（ありがぶんぱちろう）によって書かれた随筆である。自らの来歴と、ムスリムになった経緯が書かれている。明治に生まれ、キリスト教に改宗した知識欲旺盛な有賀の目に、イスラーム教がどのように映ったのかを伝える貴重な資料である。また、最後に示された「日本イスラム教信仰箇条」および「日本イスラム教の道徳」からは、初期の日本人ムスリムがイスラーム教を日本に土着化させようとした際の工夫と苦労も垣間見られる。やや文体や表記が古いため、現代日本語に改めた。

出典　有賀文八郎「日本の一回教徒として」『イスラム――回教文化』第六号、イスラム文化協会、一九三九年、三四から三九頁。

私は幼少の頃、父母に連れられてたびたび神社仏閣を参拝していました。その頃は、神社に向かっては神威の厳かであることを信じ、また、仏前に向かっては地獄極楽に繋がる仏戒に恐れを抱いていました。しかし、いくらか成長してくるにつれて、小さな疑念を持つようになったのです。あの神職とかいう人は、なぜ他人の子供を打つのだろうか。また、なぜ夫婦喧嘩をするのだろうか。もし神威があるのならば、なぜ、まずあの神職に懲罰を加えないのだろうか。また、ある仏僧は、ある旅館の老婦人と夫婦関係があり、その娘がその同じ住職と不倫関係にあっても恥じないにもかかわらず、なぜ仏の罰がその僧侶に下されないのだろうか。このような疑念の中にあるときに、廃仏毀釈の騒動が起こって、仏寺は小学校に代用され、町の南端に立派に立て並べてあった仏像は、青少年のためにことごとく破壊されてしまったのです。しかし、仏の罰を被る者は誰もいませんでした。一方、神社の方は、政府の命令によって、数十個あったものが鎮守様と琴平神社とわずか二個所に統合されてしまいました。しかし、町にはいかなる神罰も起こらなかったのです。このときに私は、神仏など恐れるに足りない、との思いを抱きました。その後、漢籍を学ぶようになって、孔孟の道こそ、私たちの実行すべき道義であると信じるようになったのです。

その後、十八歳の時に検定試験を受けて小学校の教員となり、ある農村の小学校を主管するために未知の村落に赴任しました。すると、その村民の品行の不良なことは、明言をはばかるほどのものだったのです。このままでは、学童に修身を教え諭したとしても、その効果は覚束ないと悲しく思いました。そこで決心して、村の青年男女に向かって、無料で夜学を開き、毎夜、終学後に三十分間、私の説教をよく聞くことを義務づけるようにしたのです。そうして、第一番に孔孟の道を説き聞かせたのですが、効果が見えませんでした。その理由を調べたところ、私はその小学校開校以来三代目の校長なのですが、第一、第二の校長がどちらも漢学者流で、我こそはその本流であると自負していたようなのです。しかし、第一代の校長は村の老若女性をことごとく犯したとのことです。また、第二代の校長は朝から晩まで酒ばかり飲んで授業を怠り、妻子の衣服のありさまは乞食にも劣るほどで、それを恥じない人物であったとのことです。そのために、村民は、孔孟の道は結局、このような人物を養成するものなのだろうと思っているのです。これが、孔孟の道に耳を傾けることができない理由でした。

それから私は神道を研究してこれを説明しましたが、青年たちの頭は極めて冷淡に見えました。そこでその理由を探ったところ、ある青年が次のように言うのです。「鎮守の神社を守る神職は、農民が常に心を尽くして作った野菜や果物のもっとも上出来のものを無断で採りにきては、その家族と共に遠慮もなく食べてしまうのです。そのため、わたしたちは神道を信じることはできません」。こうして、神道の講義も失敗に終わってしまいました。

次に仏教を研究して、青年男女に説明してみましたが、これも何ら効果を見ることができませんでした。なぜかと尋ねたところ、その村に一つ仏寺があり、その住職が毎日毎夜、近くの村の博徒を集めては、本尊仏壇の裏手に位置する薄暗いところで密かに賭博をやらせて、そのためのいわゆる寺銭（てらせん）を取り、酒色に耽っているとのことです。結局、仏教はこのような生臭坊主を製造するのだとの観念が先入観となっているので、耳に入りがたかったのです。

要するに、神儒仏いずれも、その真理が悪いと断定するわけではないけれども、その生きた標本が不良だったがために、苦労の果てに効果なく終わったのです。ここにおいて、この村の中に生きる標本が無い宗教を研究して、この村の父兄を教育しようと思い、キリスト教を研究するに至りました。ようやくキリスト教の要領を理解し、青年男女に向かって熱心に説いたところ、大いに効果が顕れて、必然的に、自分も熱心な信者となり、その小学校を辞職するやいなや、上京してキリスト教を伝道するに至ったのです。

明治二二年、時の外務大臣大隈重信氏は、外国人に内地雑居を許して、治外法権の撤去を断行しようと、条約改正談判を開始しました。その時のある新聞に、次のような記事が記してありました。

「日本の対外貿易は、輸出入共に、日本在留の外国人の手によって扱われている。日本人の貿易業者と言えば、在留外国商館へ国産品を買い込む者、および、在留外国人の輸入する物を引取って、これを販売する者を言うので、実際の貿易業者はほとんどいない。たまたま三井物産のような貿易会社はあるが、資金不足のために解散しようとしている。また、同伸会社という生糸輸出専門の会社もあるが、これも廃業に傾いている。どうしても日本人は商業が拙劣である。商業に熟達する外国人に内地雑居を許したならば、外国貿易の実権をすでに握られた上に、内地の商業権をも彼らに奪わるであろう。そのため、内地雑居を許すことに対しては、大いに深い憂いを覚えずにはいられない。」

私はこれを読んで考えました。なぜ、日本の商人はこのように貿易が下手なのでしょうか。思うに、外国語ができないからでしょう。幸いにも、私は少しばかり英語を学んだので、この外国貿易というものに挑戦して、未知の商人らに教えてあげたい。このように決心して、キリスト教の伝道を中止し、横浜へ行き、英人商館の見習生となって、輸出入の手続きを練習しました。それから、直接貿易の手初めとして、現在日本の委任統治となっている南洋諸島へ、わずか七二トンの帆船に乗ってでかけたのです。なぜこのような野蛮な島へ行ったかというと、未熟な私たちとしては、まず未開の蛮人と物々交換をするなら失敗する恐れはないだろうと思ったからです。ことに、時の農商務大臣榎本武揚氏は、今日の情勢を予知していて、あの島々は、いつか我が海軍の防衛線として譲り受けなければいけないので、十分に調査して、碇泊港付近の島はなるべく安値で土人の王から譲り受けてこい、と教えられました。私が忘れられないのは、明治二五年二月三日の遭難のことです。当時私たちは、パラオ島コロール港に碇泊していました。そうして、商品がだんだん少なくなり、土人との交易が困難になってきました。折りしも、マニラの商船が入港したようだと聞き及んだので、昼食後に事務長と見習生と三人でヨットに帆をかけて、本船を離れ、港口に向かって走ったのです。すると突然暴風が起こってヨットは転覆し、三人は海上に投げ出されました。ヨットは沈没して見えなくなりました。私が一生懸命に靴と洋服をぬぎ捨てて泳ぐことができるようになった時、泳ぎを知らなかった事務長が半丁ほど離れたところで沈みつつあるのを認めたのですが、彼を救う術がありませんでした。見習生は始めから裸一本で着物を着ていなかったので楽々泳げたのですが、事務長の溺没するのを見てただ泣いていました。そうして私のところへ泳いできて、どうしよう、と相談されました。さしあたっては、本船に向かって大声で救助を求めるべきだろうと合意し、二人で代わるがわる救助を求めたのですが、誰も気が付きません。いよいよ疲れて声も出なくなった頃、ヨットが横になって海面に浮きあがったので、これに手をかけたところ、たちまちまた沈んでしまいます。船底の重量のために沈むのだろうと推測して、底部から重量をことごとく取って捨てたところ、ついに船は逆さまに浮きあがり、完全に私たちを支えることができました。そのため、船底に乗って、再び大声で救助を求めたのですが、誰も救助に来る様子が見えないのです。かくなる上は、神様に御祈りするより他に望みなしと決心して、切に神様に向かって御救いを祈願しました。こうして、夕刻になり、土人の丸木舟が沖に向かって帆走して来るのを見つけたのです。ああ、彼らに助けてもらわなければ生きられる見込みはないと思い、大いにその舟に向かって救助を叫びました。ようやく小舟は私たちに方向を転じてやって来ました。そうしてついに、彼らに救われたのです。転覆してから救助されるまで、およそ三時間を費やしました。この出来事は、土人が私たちの転覆を見つけたことによると言えますが、別の見方をすれば、神様が彼らに、その気づきと救済の決意とを起こして下さったことによるものと信じ、深く神様に向かって感謝したのでした。事務長の死骸はついに見つかりませんでした。あるいは、魚腹に葬られたのかもしれません。あの辺りは大きなサメの群れが多いところなのです。明治二五年の三月末日頃、日本に帰りました。そうして事務長の郷里へ行き、この遭難の事情を物語り、葬儀を行なおうとしたところ、その郷友から、私を殺人犯として検事局へ告発すると言われたのです。しかし私は、それは君の自由であると述べ、平然としていました。やがて葬儀が始まったので、私が遭難実記を霊柩の前で読みだすと、その半ばに至る前に会衆が皆泣き出して、私に朗読の中止を申し出ました。ついに中止するのも止むを得ない状況になり、告発問題は自然消滅してしまったのです。

私が南洋群島から帰った時、榎本武揚氏は外務大臣になっていました。さっそく面会して、南洋の事情を報告し、「次は大陸に向かって貿易を試みようと考えています。つまり、未開国もしくは半開国に向かって進みます。欧米人との競争が小さい場所を選びます」と陳述しました。氏は快諾して、「調査を試みて、一週間以内に返答する」と約束されました。はたして、一週間後に返答がありました。曰く、支那との貿易は、たとえ欧米人と支那人の手によるとはいえ、すでに数億円の貿易額に達している。にもかかわらず、支那に次ぐ大国インドとの貿易は年額わずかに二五万円で、誠に微々たるものである。これに向かって大いに発展しなければならない。インドに向かって進むべきである、と勧告されました。たまたま、東京綿会社がインドに向かって貿易を始めようとしていると聞き込んだので、その重役の一人が渡印するのを幸いに、通訳となって渡印することになりました。その頃はまだ郵船会社はインドに向かって航路を開いていませんでした。そのため、イギリスのピーオー会社のアンコナ号という一五〇〇トンの船に乗り、香港に到着し、香港で三〇〇〇トンの大船に乗りかえて、ボンベイに到着しました。その間、三〇日あまりを費やしました。その頃インドには一人の日本人商人もいませんでした。ただし、西本願寺の留学僧が一人ボンベイにいて、その名を東温譲といいました。将来、立派な仏学者になるに違いないと思われたのですが、この人は、翌二六年に熱病に罹り他界してしまいました。惜しいことでした。ボンベイにおいて綿花を日本へ輸出する手続きを確立して、同所の重役と共に翌二六年に帰朝しました。

このボンベイ滞在中に、ヘーダラリーというインド人商人と親交を結んだのですが、この人は図らずもイスラム信者で、ある日私に向かって、君の宗教は何かと問うので、私は、キリスト教であると答えました。すると、キリスト教がわかる人ならばイスラムもわかるはずだから、一度自分と一緒にモスクへ行け、と勧められ、一緒にモスクへ行って寺内を見たところ、四壁になんらの飾りも偶像も書像も無く、実に清浄なものでした。そうして、あまたの信徒は、静粛に、ときに立ち、ときに座し、ときに叩頭し、そのいずれにおいてもほとんど一整で、宗教信徒の礼拝としては見事なものでした。その儀式が済んだ後、ヘーダラリー氏に紹介されて、その指導教師に会って一問一答を試みました。そうして初めて知ったこの宗教は、私たちがこれまで読んでいた地理書や世界史に記載されたものとは大いに異なり、実に現代世界の宗教の中で、もっとも優秀なものの一つであることがわかったのです。そのため、その帰途にさっそくこの宗教関係の書籍を買い、これを読破し、東温譲氏の意見を仰いだところ、実にイスラム教はキリスト教以上に進歩した宗教であることは、自分もこの地に来て初めて了解したことだと断言されました。

私は、明治二五年以来、同二九年までのインド貿易関係中、三度往復したのですが、インド内地旅行中はいたるところでイスラム寺院を観察しました。すると、どれもその内部は清潔に掃除され、精神修養の道場として適当に準備されているのを認めざるを得ませんでした。

明治二九年、インド貿易から離れた後は、内地において種々の事業に関わりました。京都では織物業に、大阪ではセメント業、石油業、機械油業、水力電気業、馬車鉄道会社に、東京では出版業、鉱山業に、再び大阪では酸素会社、競馬会社に、といった具合です。このようにして、知らずしらずの内に六五歳を迎えたのでした。しかし私は、他人の小説を読む暇に、一生懸命に宗教に関する書籍を読むことを努めてきました。そのため、六五歳のときに隠居したのですが、この余生をイスラム伝道に送るべし、と決心するに至ったのです。

その年の三月、東京でクルバンガリー氏を訪問して、イスラム教の儀式に関することを質問したところ、親切に説明してくれたため、一々雑記帳にその説明を書き取って別かれました。そのとき、関西地方にイスラム宣教師で転在している者はいるか聞いたところ、神戸にシャムグニー師がいると教えてくれました。

同年九月、シャムグニー師を神戸市に訪ねて、正式に入信し、イスラムの伝道に従事したいと申し出たところ、シャムグニー師は快諾して、インド人信徒委員長の故ボッチャ氏を紹介してくれました。シャムグニー師は英語も日本語も不十分でしたが、ボッチャ氏は英語も日本語もわかる人だったため、大いに便利を得て、さっそく神戸のインド人信徒と、トルコ・タタール人信徒を召集し、モスク建設予定地となっている場所にテントを張り、私のために入信式を行なってくれたのです。集まった者は五、六〇名でした。シャムグニー師は読経と訓戒とをなされ、私に伝道の意志を述べるよう要求されたので、私は自分の考えている伝道方針を演説しました。集まった信徒一同は大いに私を歓迎してくれました。

それからまず神戸で伝道を始め、次に大阪へ行き、また京都で試みましたが、結局、東京に本部を置くことが肝要であると考えて、翌年二月に東京に行き、伝道を開始したのです。

同じ年だったと思いますが、トルコの皇子が東京に来て、実川時次郎氏の住む家に滞在したことがありました。そのとき私はその皇子に会談を試みたいと思い、たびたび訪問したのですが、遂に面談することができませんでした。その最後に訪問したときに、実川氏が名乗り出てきて、「麻布霞町の自宅へ話しに来てくれ」と言ってくれたため、二度同氏と会談したのですが、何ら要領を得ませんでした。

私は明治二五年、この宗教を知ってから、少しの暇がある毎に、その経典コーランを邦訳したいと度々試みたのですが、適当な熟語を見つけだすのに窮して失敗に終わっていました。そのため、その後支那へ行く毎に、支那語訳のコーランがあるだろうと探してみたのですが、ついに手に入りませんでした。その後広東へ行ったとき、同市のイスラム寺院へ行き、住職と会談して初めて、支那語訳コーランが無いということを知りました。彼らは、コーランは神様が特に御選定になられたアラビア語で書かれたもので、これは他国語に翻訳することはできず、また、翻訳すべきでもないと信じ、アラビア語を研究して、原書のままコーランの朗読を行なっていることがわかったのです。私は、支那語訳があれば容易に日本語に翻訳することができると信じていたので、その支那語訳が無かったことが残念でたまりませんでした。

しかし、大正九年に世界聖典刊行会から、コーランの邦訳が出て、嬉しく思いました。そのため、さっそくこれを買ったのですが、他の経典と合わせて四七円だったのです。これでは一般の人々には買おうという気が起きません。そのため、安値で売るべく、コーランの翻訳は急務であると信じ、五年前に故高橋五郎先生と相談して、ついに同先生の力を借りて邦訳を遂げ、最近これを出版しました。私と同じように、イスラムを研究する人が幾人かいるはずです。しかし、もっとも古くから研究している者としては、私が一番早かったと信じています。

また、イスラムの伝道者も、私以前に日本にいたということを私は聞いていません。そのため、私は日本における日本人伝道者の第一世と信じています。

世界の三大宗教というのは、仏教・キリスト教・イスラム教を言います。そうして、今はこの三大宗教は、ことごとく日本で実践されているということができます。そして、まず仏教について、私が過去七〇年間見学したところによれば、真実は別問題としても、事実として偶像教であることは疑いのないところです。このような偶像崇拝は、無知な時代においては許すべきであっても、今日我が国民は、教育が普及し、世界的に競争し得る資格を有し、なお千有余年前と同様の偶像崇拝を改めることができないのは、一大恥辱と嘆息せざるを得ません。つまり、我が国民は、宗教の何物たるかを研究せず、ただ長い年月、祖先が信じ、仏事を行なってきた習慣を、そのまま継承しているに過ぎないのです。そのため、宗教とは、ただ先祖代々の仏事を行なうものだと思っているのです。もちろん、先祖の祭りをすることも宗教行事の一端ではありますが、それだけで足りていると思うのはまったくの間違いです。実に宗教は、人類の精神教養の機関でなければなりません。次にキリスト教について言えば、同教には三位一体という根本教義があり、父なる神、子なる神であるキリスト、聖霊の以上三つの神を合わせて一神であると信じているのです。三つ神があれば三神教に他なりませんが、何をもって一神教というのでしょうか。私は、自らキリスト教を伝道していたときにたびたびこの難問に逢着して、その答えに窮したのですが、キリスト教徒は今なおこの三位一体を信じて動かないので、我が日本では、到底多数の信徒を獲得すべき見込みはありません。

終わりに臨み、イスラム教の大体を説明します。

日本イスラム教信仰箇条

一　もっとも偉大なる唯一まことの神が、宇宙を造り、万物を造り、人類を造り、人類を永遠に支配し給うことを信じる。そして、聖ムハンマド師は、神の預言者であると信じる。

一　我々は、朝起きて洗面を終えれば、直ちに神様に対して礼拝し、また、三食毎に神様に対して感謝し、次に、就眠前に神様に対して礼拝すべきである。

一　毎金曜日の正午には、一定の礼拝堂に集合して共同礼拝を行なうこと。

一　信徒は、おのれの職業の余暇には、伝道の義務を有する。

一　慈愛をもって道徳の本源とし、信徒は互いに相愛し、一団となって全世界に活躍すべきである。

一　祈禱の際は、神様に感謝し、懺悔し、懇願し、また、神様を讃美することを忘れてはならない。
一　貧困者に対しては施与をなすこと。
一　父母に孝養を尽くし、親類縁者および隣人に親切であること。
一　いかなる事をなすにあたっても、厳正公平であること。
一　偶像崇拝を禁じ、聖典コーランを道徳の規準となすこと。

日本イスラム教の道徳

一　我々は、唯一神、すなわち天之御中主神の大神を本尊として崇拝する。そして、教組ムハンマド師を敬愛する。
一　我々は天皇皇后両陛下ならびに皇族御一同を奉敬する。
一　我々は父母を敬愛する。
一　我々は兄弟姉妹相愛する。
一　我々は夫婦相愛する。
一　我々信徒は兄弟姉妹のごとく相愛する。
一　我々は、おのれの属する国を愛護し、そのためには死力を尽くして奮闘する。
一　純潔なるイスラム教師を敬愛する。
一　我々は礼拝所の経費を応分に献納する。
一　結婚式にはイスラム教師の立ち合いを求める。

一　葬儀にはイスラム教師を司宰とする。
一　イスラム教師の家庭訪問を歓迎する。
一　子女は父母に孝養を尽くすべきである。
一　親は子女を愛育すべきである。
一　家庭には必ず過去帳を備え置き、祖先の記念日には黙禱を捧げ、そして墓参を怠ってはならない。
一　酒は飲まないことを良しとする。ただし、健康に害なく、狂態に陥らない者は許すべきである。
一　喫煙を禁ずることを良しとする。ただし、健康に害のない者はこの限りではない。
一　豚肉を食べないことを良しとする。ただし、他に適当な副食物を得ることができないときはこの限りではない。
一　金曜日の礼拝式には必ず礼拝所へ参集すること。

イスラム教のイスラムという意味は、唯一まことの神に絶対服従するということで、この神様に一切を任せて、人類の平和を図る宗教です。この宗教は、教祖ムハンマド師の名をとって、欧米人の間ではムハンマド教と称されています。また支那人の間では回々教あるいは清真教と言っています。

この宗教の大本は旧約聖書であり、それに加えて、新約聖書も用いてもよろしいと言われています。

この宗教の経典はコーラン経であり、その中に引用している聖句は主に旧約聖書からのものです。また、新約聖書の意味を引用したところもあります。そのため、ユダヤ教・キリスト教・イスラム教は兄弟宗教なのです。しかし、この三者は互いに争い、戦争まで行ない、互いに反目しているのが不思議な現象というべきです。この三者の内、イスラム教は最後に出現したため、もっとも進歩していることが理の当然です。

ユダヤ教徒とキリスト教徒はなぜ共生できないのかと言えば、ユダヤ教徒は自ら神様の選民と称して、自ら尊大に構え、キリスト教を始めたキリストは偽救世主であり、真の救世主はこれから後に出現すると信じているからです。イスラム教ではキリストを一預言者と見ているのみで、決して子なる神とは見ていません。そのため、キリスト教徒の反感を買うことになります。しかし、三者共に道徳の根源はほとんど同じですから、冷静に考えるならば、自然と精神的に一致し得ると思われます。私自身の経験したところによれば、キリスト教信者は、もっともよくイスラムに改宗しやすいと思われます。

全世界の宗教界を高いところから見渡すならば、キリスト教は白色人種の大部分を支配し、イスラム教は有色人種の大部分を支配しているのが事実です。そして、インドにはバラモン教という宗教があって、その信徒は二億を数えるに至っています。仏教はビルマ、セイロン、ネパール、チベット、シャム、蒙古、支那、朝鮮、日本などで行なわれていますが、その勢力は日本、シャム、チベット、ビルマ、セイロン等において盛んであると言うことができるでしょう。しかしながら、その勢力が将来長い間継続するかは疑問です。

世界の宗教史を研究するならば、はじめは偶像教を信じ、次第に少数神教を信じるに至り、ついに唯一まことの神を信じるに至るのは歴史の証明するところです。そのため、このイスラム教は、最終的には全世界の人類を感化するに至るものと私は信じて疑いません。

日本の政策としては、一日も早くイスラム宗教団体を作り、イスラム教民族に呼びかけ、互いに音信を通じ、連絡をとり、彼らの弱きを助け、失われた独立を回復させ、有色人種の全部が団結するに至ることが重要です。この大きな目的の下に、万難を排して進むことが肝要です。

Ⅱ　イスラーム

5　共生のイスラーム法学

マイノリティー法学の課題

一九九〇年代以降、一部のイスラーム法学者たちの間で「ムスリム・マイノリティーのためのイスラーム法学（fiqh al-aqallīyāt al-muslimah/fiqh for Muslim minorities）」（以下、「マイノリティー法学」と呼ぶ）という言葉が使われるようになった。マイノリティー法学とは、イスラーム法学の分野で、ムスリム・マイノリティーのための特別な議論を行なおうという呼びかけである。ここでいう「ムスリム・マイノリティー」は、現代において、非イスラーム教諸国でマイノリティーとして生活するムスリムを意味する。

ムスリムの奉じる宗教的な行為規範は、非イスラーム教諸国——たとえば、ヨーロッパやアメリカの国々——の法律・政治制度・社会的習慣と、ときに「対立」することがある。あるいは、明白に対立しないまでも、イスラーム教の宗教的な規範を、非イスラーム教諸国においてどのような形で体現すべきかがわからなくなるケースも多い。マイノリティーとして生きるムスリムは、自分たちが生きる社会と、自分たちの奉じる宗教の規範との整合性をどのようにとればよいのかを考える機会に、頻繁に遭遇する。マイノリティー法学は、こうしたマイノリティーが直面する問題を議論する枠組みとして提唱されたものである。

この概念の提唱者とされるのは、イラク出身のウラマー、故ターハー・ジャービル・アル＝アルワーニー（Ṭāhā Jābir al-ʻAlwānī：一九三五年生まれ、二〇一六年没）である。アルワーニーは、一九九四年に布告したファトワー（fatwā：ウラマーの布告する教義回答）の中で初めてこの概念に触れ、その後、マイノリティー法学についての基本的な考え方をいくつかの論考やファトワーによって示していった。

以降、マイノリティー法学は、さまざまな背景を持つウラマーの支持を集めた。「マイノリティー法学」あるいはそれに類似する表現をタイトルに冠した書籍——ファトワー集が比較的多い——がいくつも出版された。

組織的な展開として顕著な例は、ヨーロッパ・ファトワー研究評議会（European Council for Fatwa and Research）の活動である。同団体は、一九九七年にダブリンに設立された研究機関で、ヨーロッパに居住するムスリムの特殊な状況を考慮したファトワーを布告する方針を打ち出している。同団体の季刊誌には、欧米におけるイスラーム教の宗教実践に関わる論文・ファトワー・声明が、アラビア語、英語、フランス語などの言語で収録されている。▼1 評議会の構成員には、イスラーム教諸国で活動するウラマーのみならず、欧米で主導的な立場にあるウラマーも含まれている。

アルワーニーは、自身の唱導したマイノリティー法学を「共生のイスラーム法学」として位置づけようとした。

〔過去の時代の〕イスラーム法学者たちは、今日われわれが生きているような、さまざまな文化が交錯し、諸民族が同じ空間で生活する、一つになった地球を生きてはいなかった。むしろ彼らは、共同生活や相互理解の存在しない、分断された島々からなる世界で生きていた。それゆえに当時は、「戦争のイスラーム法学（fiqh al-ḥarb）」こそが、当代における現実的な必要に見合う、主導的役割を担っていたのである。一方、われわれが今日、量的にも質的にも異なる現実において必要とするもの、それは「共生のイスラーム法学（fiqh al-taʿāyush）」である。▼2

彼の言葉には明白なメッセージが含まれている。グローバル化の進んだ現代においては、古い解釈を踏襲するだけでは十分ではない。共生を指向する新しい指針が、イスラーム法学の議論には必要である――そう彼は主張するのである。マイノリティー法学は、このような問題意識から提唱された。

ただし、なにもアルワーニーは、イスラーム法学における古典的な解釈の蓄積をかなぐり捨てようと言ったわけではない。彼自身、エジプトのアズハル大学で教育を受け、その後一〇年ほど、サウジアラビアのイスラーム教系大学でイスラーム法学を教えた経験を持つ、どちらかと言えば伝統的なタイプのウラマーである。古典的な議論から距離をとる、独自路線の思想家というわけではない。

ムスリム・マイノリティーの必要に沿った新しい解釈の方向性を、既存のイスラーム法学との連続性を保った上でいかにして示すことができるか。それがアルワーニーの課題であった。この課題は、マイノリティー法学の理念に賛意を示す彼以外のウラマーにも概ね共有されている。古典的なイスラーム法学の枠組みから離れ過ぎれば、法学者としての信用を失ってしまう。しかし、古典的な議論のみに依拠していては、ムスリム・マイノリティーの現実に寄り添った解釈を示すことはできない。

マイノリティー法学のもっとも強力な論者の一人であった故ユースフ・アル＝カラダーウィー（Yūsuf al-Qaraḍāwī：一九二六年生まれ、二〇二二年没）もこのジレンマを意識していた。カラダーウィーは、「望まれるマイノリティー法学は、一般的なイスラーム法学の範囲からはみ出るものではない」[3]と述べる。しかし同時に、ムスリム・マイノリティーのために布告されるファトワーが、古典的な学説をそのまま適用するものであってはならないことも強調する。後者の点について、彼は以下のように述べている。

しかし、彼ら〔過ぎ去った時代のウラマーたち〕は、このような〔今日の〕マイノリティーの状況や、非イスラーム社会において彼らに降りかかる困難への関心を欠いていた。ウラマーにとって、彼らの現実に対する理解と、彼らに不可欠なものや必要なものについての包括的研究を抜きにして、書物で読んだもののみによって彼らにファトワーを出すのでは、十分ではない。[4]

古典的な法学の枠組みを継承することと、新しい解釈を創出すること。この二つの課題の両立に、彼らは取り組まなければならない。

マイノリティー法学の方法

彼らがマイノリティー法学を古典的な言説と接続させようとするとき、大きくわけて、次の二つのいずれかの方法がとられている。

一つは、蓄積された伝統の中に「新しい」解釈を見出そうと試みる方法である。つまり、各法学派の、これまであまり採用されてこなかった、あるいは一般には知られてさえいなかった少数派説や、学説としては採用されることのなかった、教友（ṣaḥābah：サハーバ。ムハンマドと同時代を生きた第一世代のムスリム）や第二世代の学者に伝わる見解にまで選択肢を広げ、現代のマイノリティーの必要に適う可能な解釈の道筋を見つけ出そうとする方法がこれにあたる。

もう一つは、過去の学者が提出した個々の学説に拘泥するのではなく、「シャリーアの目的（maqāṣid al-sharīʿah）」に目を向ける方法である。▼5 つまり、イスラーム法学に内在する、ある種メタなレベルの原則に立ち戻り、それらの原則に依拠しつつ、より具体的な法判断を導き出す方法である。具体的には、「困難の免除（rafʿ al-ḥaraj）」、「二つの必要悪の内、軽微な悪をとること（rafʿ aʿẓam al-ḍararayn bi-irtikāb akhaffi-himā）」、「慣習（al-ʿurf）」の考慮、「簡易化（al-taysīr）」のような、法源学（uṣūl al-fiqh）レベルの解釈指針や、「法格言・法諺（al-qawāʿid al-fiqhīyah）」の命題がそうした原則にあたる。

マイノリティー法学に与するウラマーは、こうした手続きを介することで、古典的なイスラーム法学との連続性を確保した上で、非イスラーム教諸国でマイノリティーとして暮らすムスリムの助けとなるようなファトワーを布告している。

ファトワーの具体的なテーマには、「クリスマス・パーティーに招待されたが参加しても構わないか」、「キリスト教徒用に設営された墓地にムスリムを埋葬してもよいか」、「銀行に預金し、利子を取得しても構わないか」といった、マイノリティーの信者の生活に密接に関連した内容のものが目立つ。

マイノリティー法学に賛同を示すウラマーが布告するファトワーでは、これまで受け入れられてきた学説とは対立する「柔軟な」解釈が示されることが多い。

たとえば、「非ムスリムの夫婦の内、妻のみがイスラーム教に改宗し、夫がイスラーム教に改宗しない場合、夫と離婚しなければならないか」という問題がある。この問題が浮上するのは、伝統的な解釈においては、ムスリムの女性はムスリムの男性としか結婚することができないためだ。古典的な学説に基づけば、妻だけがムスリムとなった場合——議論の詳細には触れないが、最終的には——非ムスリムの夫との婚姻関係は解消されることになる。しかし、マイノリティー法学に与するウラマーたちは、さまざまなアプローチから、妻がムスリムとなり、夫が非ムスリムであり続ける場合にも、二人が婚姻関係に留まることができるという結論を導き出している。▼6

実験的言論空間としてのマイノリティー法学

彼らが通説とは大きく異なる法判断を示すとき、「マイノリティー法学」という枠組みは、イスラーム法学の解釈の幅を拡大し、新しい法判断を提起するための実験的なフィールドとして機能している。

たとえば、右記のような、妻のみがイスラーム教に改宗し夫が非ムスリムに留まる事例は、なにもムスリムがマイノリティーの社会だけでなく、イスラーム教諸国でも十分に起こり得ることだ。しかし、マイノリティー法学の論客は、あくまで非イスラーム教諸国におけるケースに自分たちの議論の範囲を限定している。彼らが、イスラーム教諸国における同様の問題に対して、ムスリム・マイノリティーに対して布告したのと同じようなファトワーを布告することはない。つまり、彼らの見解は、古い解釈を「上書き」するようなスタンスで提示されているのではないということだ。それはあくまで、非イスラーム教諸国に暮らす個々のマイノリティーのための、局地的・暫時的な宗教実践の指針としてのみ提示されている。

アルワーニーは、マイノリティー法学で示される解釈の暫時的性格について次のように言及する。

〔マイノリティー法学は〕宗教的規定と、あるコミュニティーや、そのコミュニティーがいる場所の状況との関係を考慮に入れた、特別な知的領域である。それは、ある特定の状況下で生活し、特別な必要に迫られた個別的人間集団に適用され、別のコミュニティーにとっては適切でないことが適切となり得るようなイスラーム法学である。▼7

マイノリティー法学は、その自身の名称によって、通常のイスラーム法学とは別個の、例外的な状況下にあるムスリムに特化した言論空間であることをあらかじめ表明している。そうすることで、特定の層から想定されるある種の批判を避けつつ、冒険的な解釈を、より自由に議論するための言論空間が確保される。そのような戦略として、マイノリティー法学を捉えることができる。

このような実験的フィールドを通して生まれた解釈は、欧米のムスリムの間で共有されるだけでなく、イスラーム教諸国にいるウラマーの解釈や、当地のムスリムの実践にも大なり小なりの影響を与えるかもしれない。先述のヨーロッパ・ファトワー研究評議会のメンバーには、アラブ諸国を活動拠点にしているウラマーも多い。また、同団体の布告するファトワーは、インターネットを通じて、欧米を越える広い地域のムスリムにも届いている。▼8

マイノリティー法学のローカライゼーション

マイノリティー法学の問題意識は、グローバルに解釈の変化を及ぼし得る一方で、特定の一国において独特な形で展開・深化される場合もある。

フランスのタレク・ウブルー（Tareq Oubrou：一九五九年生まれ）による「フランス的シャリーア（sharī'a Française, sharī'a de France）」の思想はその急進的な事例と言える。ウブルーはモロッコ出身のフランス人で、フランスを代表するイスラーム教指導者の一人である。彼は、ムスリムのフランスへの「統合（intégration）」を促進するために、マイノリティー法学の議論を通して、イスラーム法学の解釈をフランス化させる道筋を定式化している。

イスラーム法学のフランス化は、イスラーム法学に対する二段階にわたる認識上の操作を通じて行なわれる。その操作を、ここでは「分節化」と呼んでおきたい。

イスラーム法学の第一の分節化は、歴史的個体性を持つ「フィクフ（fiqh）」（学問としてのイスラーム法学）と、包括的な普遍法・神の法としての「シャリーア（al-sharī'ah）」（神の定めた真理なる法）とを区別することである。▼9

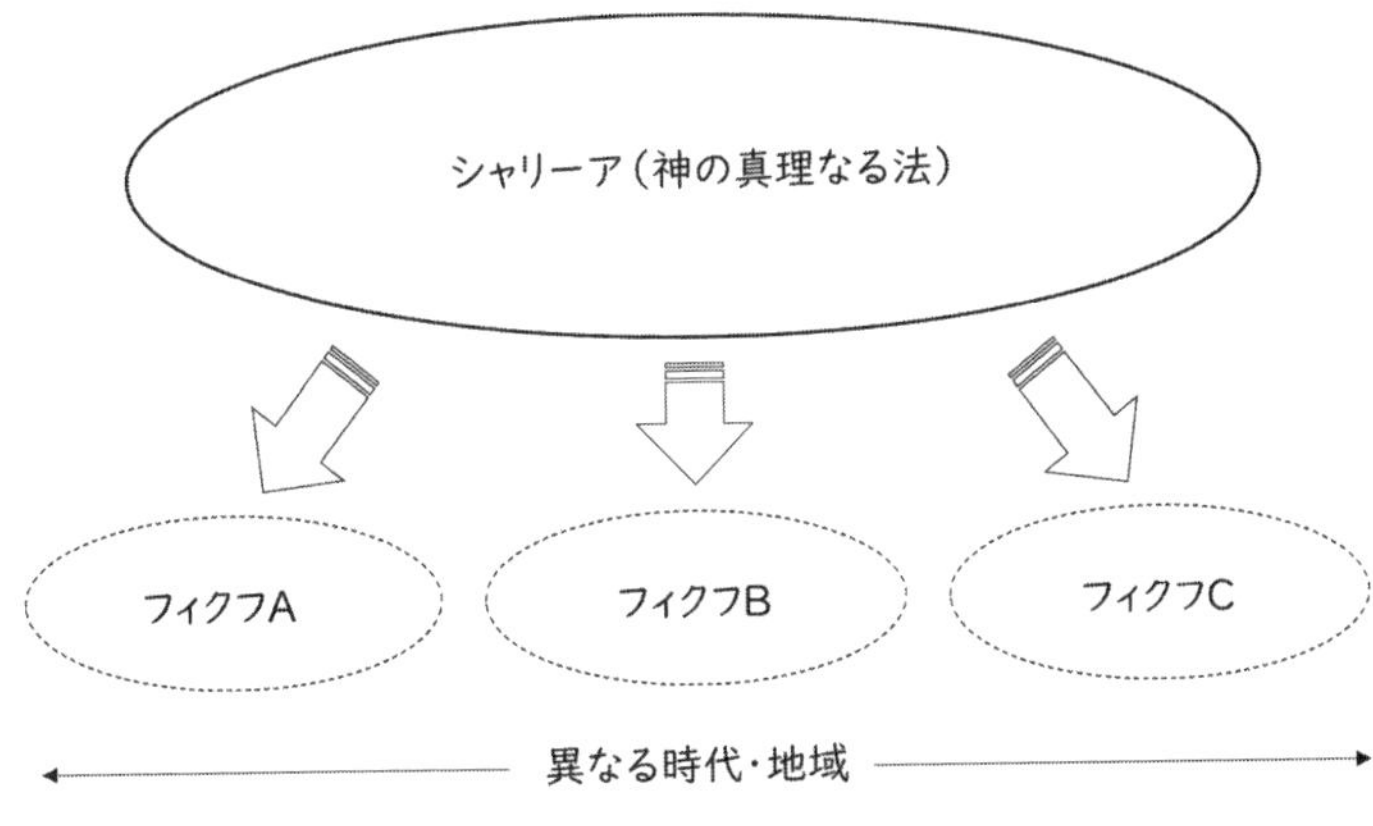

図表1　イスラーム法学の第一の分節化。出典：筆者作成

〔……〕それゆえフィクフは、特定の時間と特定の文脈の中で捉えられた、シャリーアの一つの写しに過ぎない。

シャリーアの真実は、イスラーム法学の古典に含まれていることもあれば、ときにそうでないこともある。新しい宗教的課題は常に生まれ続けている。加えて、もはや、イスラーム法学の教説に含まれるすべてのものが、あらゆる状況下で適用されるべきでもない。イスラーム法学は、絶えず表現し直されなければならないのである。[10]

このように、「シャリーア」と「フィクフ」を区別することで、前者の普遍性と、後者の可変性・相対性が認識される。実社会で運用される生きた法である「フィクフ」は、より高次の普遍法である「シャリーア」を参照する形で、時代と地域に応じて随時表現し直される。これが、イスラーム法学の第一の分節化である（図表1）。

ウブルーはさらに、シャリーアと差異化されたフィクフの領域に対して、内的な分類を行なう。これが第二の分節化に関わる。

順を追って説明しよう。彼はまず、フィクフを以下の三つの領域に分類する。第一の領域は「儀礼行為（cult/ʻibâdât）」である。これは、礼拝や斎戒などの、いわゆる宗教的な儀礼に分類される行為をいう。第二の領域は「礼節（moral/akhlâq）」、第三の領域は「法（droit/muʻâmalât）」である。

ウブルーによれば、このように分類された三つの領域の内、フランスの国法と対立する可能性があるのは第三の「法」の領域である。そしてこの対立は、「シャリーアの倫理化（l'éthicisation de la sharîʻa）」という手続きを踏むことで解決されるという。彼は、この「シャリーアの倫理化」の手続きを以下のように説明する。

> シャリーアの倫理化というのは実際、シャリーアのメタボリズムの中にフランスの国法を組み込みつつ、ムスリムの一定の行動にイスラームの道徳的適法性を付与することを狙いとしている。それは、「法（droit）」を道徳的側面のみに縮減することで、それをシャリーアから排除することである。[11]

言いかえれば、「シャリーアの倫理化」とは、イスラーム法学の中の、フランスの国法と衝突する領域の意味内容を、道徳的なレベルにまで「縮減」し、その「法」的性格を消滅させることを意味する。これが、ウブルーによる第二の分節化である（図表2）。

イスラーム法学の「法」的領域を「倫理化」することは、「フランス的シャリーア」の確立、そして、ムスリムのフランス社会への「統合」の手段とされる。[12] ウブルーのマイノリティー法学の議

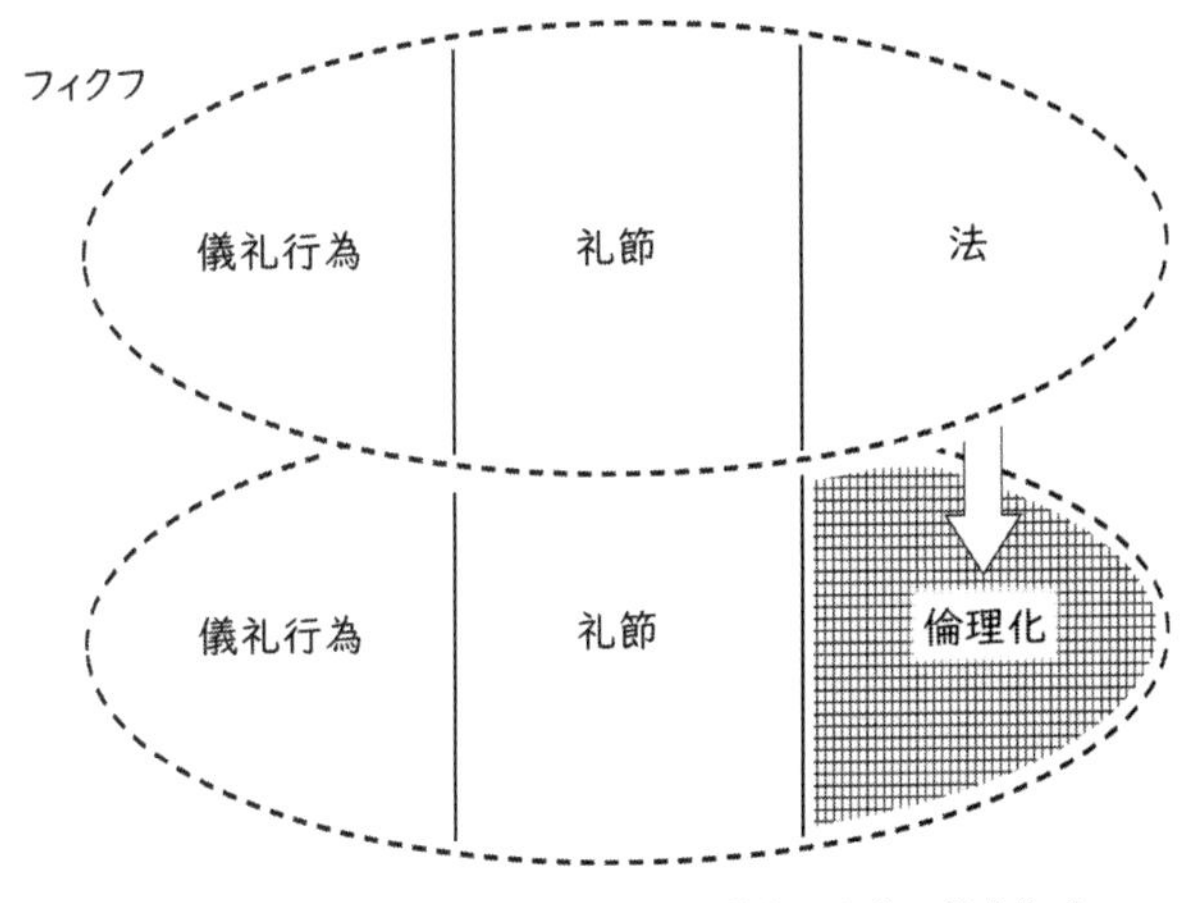

図表2 イスラーム法学の第二の分節化。出典：筆者作成

論は、フランス的価値と調和する形にイスラーム教の行為規範を編み直し、フランスという一国の中で、イスラーム教を（未だそうでないとすればだが）「デノミネーション化」させる営みと言える。[13]

こうしたウブルーの議論それ自体は、「統合」への圧力が強いフランス共和国という特殊な場所でのみ生まれ得たものだ。そもそも、フランス国内だけ見ても、すべてのムスリムがウブルーの意見に賛同するわけではない。しかし、今日求められているイスラーム教の「土着化」（ヨーロッパ化）の一つの可能なあり方は、このような試論が幾重にも積み重なることで徐々にその輪郭を形成していくものだろう。

イスラーム法学は、ムスリムの宗教実践のあり方に直結する問題領域である。たとえばヴェール問題に象徴される種々の「イスラーム問題」は、ムスリムの側から捉えれば、「イスラーム法的にどこまで妥協できるか」という問いに、大なり小なり関連している。マイノリティー法学は、まさにこのイスラーム法学の領域に、「共生」という解釈の指針を組み込むために生まれた、ゆるやかな改革の試みである。

註

▼1　European Council for Fatwa and Research (url= https://www.e-cfr.org).

▼2　Ṭāhā Jābir al-‘Alwānī. 2005. *Maqāṣid al-Sharī‘ah*. Dār al-Hādī. p. 102.

▼3　Yūsuf al-Qaraḍāwī. 2001. *Fī Fiqh al-Aqallīyāt al-Muslimah: Ḥayāt al-Muslimīn Wasṭ al-Mujtama‘āt al-Ukhrā*. Dār al-Shurūq. p. 32.

▼4　ibid. p. 29.

▼5　シャリーアとは、後述のように「神が定めた真理なる法」を意味するが、ここでは「イスラーム法学」と同一視しても問題はない。

▼6　婚姻関係に留まることを許容する説の詳細は、たとえば以下の二つの論考に詳しい。‘Abd Allāh b. Yūsuf al-Juday‘. 2003. “Islām al-Mar’ah wa Baqā’ Zawji-hā ‘alā Dīni-hi.” In ECFR. *al-Majallah al-‘Ilmīyah li al-Majlis al-Urubbī li al-Iftā’ wa al-Buḥūth*. Vol. 2. pp. 13–205. ‘Abd Allāh al-Zubayr. 2003. “Ḥukm Baqā’ man Aslamat ma‘a Zawji-hā alladhī lam Yuslim.” In ECFR. *al-Majallah al-‘Ilmīyah li al-Majlis al-Urubbī li al-Iftā’ wa al-Buḥūth*. Vol. 2. pp. 207–241.

▼7　Taha Jabir Al-Alwani. 2003. *Towards a Fiqh for Minorities: Some Basic Reflections*. IIIT. p. 3. 傍点引用者。

▼8　同評議会の季刊誌は、ヨーロッパだけでなく、アラブ諸国にいるウラマーにも送付されているという。

Lena Larsen. 2018. *How Muftis Think: Islamic Legal Thought and Muslim Minorities in Western Europe*. Brill. p. 159.

▼9 なお、「フィクフ」と「シャリーア」の区別を強調する論法は、近代以降のムスリム知識人に広く見られるものであり、ウブルー独自のものではない。

▼10 Tareq Oubrou. 2004. “La sharī‘a de minorité: réflexions pour une intégration légale de l'islam.” In F. Frégosi (ed.) *Lectures contemporaines du droit islamique-Europe et monde arabe*. Strasbourg. p. 216.

▼11 ibid. pp. 219–220.

▼12 ibid. pp. 216–217.

▼13 「デノミネーション（denomination）」とは宗教社会学の宗教類型論における用語で、当該社会や他宗派と協調的な関係を保つ宗派をいう。「チャーチ（church）」、「エクレシア（ecclesia）」、「セクト（sect）」、「カルト（cult）」などの類型と並んで用いられる。

郵便はがき

料金受取人払郵便

102-8790

麹町支店承認

6246

差出有効期間
2024年10月
14日まで

切手を貼らずに
お出しください

102

［受取人］
東京都千代田区
飯田橋2－7－4
株式会社 作品社
営業部読者係 行

【書籍ご購入お申し込み欄】

お問い合わせ　作品社営業部
TEL 03(3262)9753／FAX 03(3262)9757

小社へ直接ご注文の場合は、このはがきでお申し込み下さい。宅急便でご自宅までお届けいたします。送料は冊数に関係なく500円(ただしご購入の金額が2500円以上の場合は無料)、手数料は一律300円です。お申し込みから一週間前後で宅配いたします。書籍代金(税込)、送料、手数料は、お届け時にお支払い下さい。

書名	定価　円	冊
書名	定価　円	冊
書名	定価　円	冊
お名前	TEL　(　　)	
ご住所 〒		

フリガナ
お名前

男・女　　　　歳

ご住所
〒

Eメール
アドレス

ご職業

ご購入図書名

●本書をお求めになった書店名

●ご購読の新聞・雑誌名

●本書を何でお知りになりましたか。

イ　店頭で

ロ　友人・知人の推薦

ハ　広告をみて（　　　　　）

ニ　書評・紹介記事をみて（　　　　　）

ホ　その他（　　　　　）

●本書についてのご感想をお聞かせください。

ご購入ありがとうございました。このカードによる皆様のご意見は、今後の出版の貴重な資料として生かしていきたいと存じます。また、ご記入いただいたご住所、Eメールアドレスに、小社の出版物のご案内をさしあげることがあります。上記以外の目的で、お客様の個人情報を使用することはありません。

6 神の言葉を訳すということ
――これからのクルアーン翻訳、あるいはアダプテーション

意味か、リズムか

クルアーン（コーラン）にはいくつもの日本語訳が存在する。

もっとも有名なものは岩波文庫に収められた井筒俊彦訳（改訂口語訳版）だろう。生き生きとした文体が好まれ、今日でも読者は多い。日本ムスリム協会訳『日亜対訳注解　聖クルアーン』は、アラビア語のクルアーン本文も併記されているため、研究者の間でよく用いられている。その他、中公クラシックに収められた藤本勝次・伴康哉・池田修訳も比較的広く読まれてきた。

さらにここ一〇年ほどの間に、以下のような新しい翻訳、および改訂訳も出版されている。

①中田考監修『日亜対訳　クルアーン』（作品社、二〇一一年）
②澤田達一訳『聖クルアーン　日本語訳』（啓示翻訳文化研究所、二〇一三年）
③モハンマド・オウェース・小林淳訳『聖クルアーン　日本語訳アラビア語本文及び、注釈つき［改訂版］』（イスラム・インターナショナル・パブリケーションズ、二〇一六年）
④サイード佐藤訳『聖クルアーン　日亜対訳注解』（ファハド国王マディーナ・クルアーン印刷コンプレックス、二〇一九年）
⑤水谷周監訳『クルアーン　やさしい和訳』（杉本恭一郎訳補完、国書刊行会、二〇一九年）
⑥クルアーン日本語読解制作委員会訳『クルアーン　日本語読解』（宗教庁出版、二〇二一年）

以上で言及した翻訳はいずれも、日本語の多少の古さを感じさせる井筒訳を除けば、標準的な現代日本語を用いており、とても読みやすい。「やさしい和訳」を謳う水谷訳に至っては、「ですます調」が採用され、平易な単語・構文のみを用いることが心掛けられている。小学生でも、高学年であれば挑戦できそうな文体である。

それぞれに細かい翻訳方針の違いはあるにしろ、読んでわかりやすいこと、そして、意味が正確であることが目指されている点は共通している。言いかえれば、これらの翻訳では、リズム感のある日本語にすることよりも、起点テクストの意味を正確に伝えることがより重視されていると言える。▼1

意味をとるか、リズムをとるか。

この問いは、かつて、クルアーン口語訳を編むに至る前に、井筒俊彦（一九一四年生まれ、一九九三年没）を悩ませた問題だった。後述のように、クルアーンのアラビア語原文は押韻を有し、意味だけでなく、音声的な価値も重視されている。しかし、意味的な正確さを重視すれば、クルアーンのリズミカルな特徴を翻訳に反映させることはできない。逆もまたしかりである。

結局井筒は、クルアーンのリズム――井筒自身は「リズム」とは言わず（クルアーンの）「口調」と言ったが、これはつまりアラビア語の音が持つ響きのことで、ここでは「リズム」と言い表しておく――を自身の翻訳に反映させることをきっぱりと諦め、クルアーンの持つ「散文的」な側面、「非常にくだけた、アンチームな」[2]要素を、ラフな口語体を用いて表現する道を選んだ（なお、今日において、井筒訳の採用した文体を「荘重」、「格式張っている」と捉える向きがあるが、それは勘違いであり、井筒訳の文体は極端にくだけたものである）。

井筒より後、今日までに出版されたすべての日本語訳は、「意味か、リズムか」という点においては、井筒の方針――リズムよりも意味を伝えることを重視する方針――を踏襲している。[3] 完全な逐語訳ではないとしても、およそ訳者の創造性を抑制し、日本語として不自然でない限り、起点テクストの表現をそのまま目標テクストに移す翻訳スタイルで、いくつも日本語訳が出版されているのである。

しかし、クルアーンを日本語で理解するための優れた翻訳がこのように出揃った今日、意味的な正確さを目指すことから離れ、リズム感のある文体を目指すことに振り切れた新しい翻訳が一つくらいあってもよいのではないだろうか。もちろん、アラビア語のリズムを日本語で表現するのは端から不可能なことである。筆者が言っているのは、日本語のリズムのことだ。

上述の六つの新訳はいずれも、翻訳の文体や語彙の選択において、日本のイスラーム教理解の実情と、訳者の学研あるいは経験を反映させた、優れた翻訳である。だからこそ、クルアーンの意味を理解することへのニーズはこれらの翻訳にすっかり任せてしまって、文体の問題に主要な関心を向ける、別のスタイルの翻訳が試みられてもよい。

文語訳

じつは、近年出版されている日本語訳とは大きく趣向の異なる翻訳もこれまでに出版されている。井筒訳より前には、クルアーンを文語で訳す例が多かった。たとえば、坂本健一訳、高橋五郎・有賀阿馬土（文八郎）訳、大久保幸・小林元訳、大川周明訳などは文語訳に分類することができる。[4]この内、大川周明訳を見てみよう。

大川訳は、井筒が口語訳に反映させることを諦めた「荘重さ」を具えた文語体で書かれている。[5]なお、文語体と言ってもさほど古い文体ではない。

以下は、クルアーンの中でもっとも短い章の一つである第九四章の大川訳である。

> 第九四　開胸章〔……〕
> 大悲者・大慈者アルラーハの名によりて
> 吾は汝の胸を開き　汝の背を圧したる　重荷を去らざりしか　また汝の名を挙げざりしし
> か。げに苦は楽に伴ひ　げに楽は苦に伴ふ　されば時を得れば即ち刻苦し　専ら汝の主
> に求めよ[6]

この章は、今日読まれている翻訳ではどう訳されているだろうか。「やさしい和訳」を謳う水谷訳を見てみよう。

94　胸を広げる章〔……〕
慈悲あまねく、慈悲深いアッラーの御名において
1．われらは、あなた（ムハンマド）の胸を安堵させたのではないでしょうか。2．あなたの重荷を降ろしたのではないでしょうか。3．それは、あなたの背中に押し付けられていました。4．またわれらは、あなたの評判を高めたのではないでしょうか。5．だから苦あれば楽ありで、6．確かに苦あれば楽ありです。7．それで仕事を終えたら、次に取り掛かり、8．そして、あなたの主に（何かにつけて願い）求めるのです。[7]

二つの翻訳では雰囲気が大きく異なっている。

アリ・安倍治夫（一九二〇年生まれ、一九九九年没）によれば、大川訳はかつて「夜空に輝く彗星のような存在として、コーランの愛読者から尊重された」[8]時期もあったようだ。しかし、現在では記念碑的な位置づけを与えられているだけで、研究者の間でも、信者の間でも、ほとんど用いられていない。

しかしながら、顧みられなくなった文語訳にも、未だ、今日における実用的な価値があるのではないだろうか。

たとえば、クルアーンを口頭でリズミカルに読み上げる必要がある場面——たとえば、金曜集合礼拝の「説教（khuṭbah）」——や、クルアーンの荘重さを保ったまま、大まかな意味のみを伝達させることが目指される場面——たとえば、宗教間対話の場——ではどうか。

これらの場面では、必ずしも現代口語体訳が最適な選択肢とは断定できない。現代口語体訳は、ゆっくりと黙読する場面には適しているかもしれない。しかし、リズム感が犠牲になっているため、口頭で読み上げると、どうしても間延びした印象を与えてしまう。素早く詠み上げる必要があり、細かい意味の理解が必要とされない場面では、今日でも文語訳が役立つはずである。[9]

七五調訳

アリ・安倍治夫訳は、七五調を用いた点に大きな特徴がある。

訳者の安倍は、「訳者の　長年の悲願は　聖クルアーンの　言語的な意味よりは　その荘厳な内面的な韻律を　朗誦にかなう　明解な日本語によって　日本人の心に　伝えることにあった[10]」と述べている。翻訳部分のすべての漢字にフリガナが振られているのも、訳文を音読することを念頭に置いてのことであろう。

なお、クルアーン全体を七五調に訳すのは無理があったのか、安倍が翻訳したのはクルアーンの最後の三〇分の一の部分——ここには、比較的短い章が集まっている——および第一章のみである。大川訳と同じく、第九四章を見てみよう。

第九四　胸開章〔……〕

恵みあまねく　慈悲ふかき　神・アッラーの　み名により
1　汝の胸を　おし開き
2　重荷は已に　取り去りぬ
3　背を拉ぎたる　その重荷
4　汝の名声　高めたり
5　苦に伴いて　楽到る
6　苦に伴いて　楽到る
7　寸暇惜んで　励みつつ
8　主の御心に　添いまつれ▼[11]

テンポのよい日本語である。

しかし、七五調で訳すとなれば、当然、使用できる表現と語彙の選択肢が狭まり、原文の意味を正確に訳すのは難しくなってくる。実際、安倍の翻訳には精密でない部分もある。語調を整えるために原文に無い言葉が挿入されることもあれば、反対に、原文の言葉が省かれることもある。品詞の転換も、翻訳のために最低限必要な程度を超えて行なわれているようだ。リズム感のある語調は、意味的な正確さを犠牲にすることで成り立っている。

自由な翻訳は可能か

ところで、聖典であるクルアーンをこのように「自由」に翻訳してしまっていいのだろうか、という疑問を持つ人もいるだろう。
この問いに対して、クルアーンの翻訳は、本質的に、一種のアダプテーション、あるいは翻案に近いものである、という視点を導入してみたい。[12]

「本質的に」と書いたのは、次のような理由による。

そもそも、「翻訳」と「翻案」の境目は曖昧である。起点テクストを別の言語体系に移し替える以上、多くの場合、翻訳には翻案としての側面が伴う。もちろん、翻訳を通じて目標言語の可能性を押し広げるために、起点言語の構造を限界まで翻訳に反映する翻訳スタイルもあり得るだろう。[13]
しかしながら、クルアーンの場合には、こうした極端な逐語訳の方針を採用したとしても、まだなお、翻訳の末にできあがったものが、一種のアダプテーション、あるいは翻案に近いものであると言える事情が存在する。

そこには二つの背景がある。

第一に、イスラーム教の教義上、クルアーンが他言語に翻訳されたものはもはやクルアーンとはみなされない。目標言語に移されたクルアーンは、クルアーンとは異なる別のもの、クルアーンの理解を助けるための注釈書のようなものとして位置づけられる。

イスラーム教の教義では、クルアーンは「アッラーのことば（kalām Allāh）」であると解されている。それは、アッラーの意志を受けて書かれた書物でも、アッラーの教えをムハンマドが説いた言葉でもない。信者の理解では、それは「創造主のことば」である。したがって、異なる音、異なる言語体系に移し替えられた時点で、それは「彼のことば」ではなくなる。

クルアーンと、それが他言語に翻訳されたものは、譬えて言えば、ゾウという動物それ自体と、そのゾウを見ながら紙の上に写生されたゾウの絵のような関係にある。写生されたゾウの絵は、実物にどれほど酷似していたとしても、インクと紙でできた二次元の写し絵であり、生命ある動物ではない。

　クルアーンの翻訳も同様で、たとえ卓越した翻訳者の手で精緻な翻訳が行なわれたとしても、クルアーンとしては扱われない。[14] そのため、世界中のムスリムは、非アラビア語話者であっても、アラビア語のクルアーンを読誦している。礼拝の際にも、アラビア語のクルアーンを唱えることになっている。

　クルアーンは、翻訳された時点でクルアーンとは別のものになる。そう信者に信じられている。

　クルアーンの日本語への翻訳は、「アッラーのことば」の意味を、現代日本語に移し替える作業である。したがって、この移し替えの作業は、イスラーム教の教義の上では、単なる二言語間の翻訳というよりも、別の媒体への移し替え、あるいは、「クルアーンの日本語訳」という解説書執筆の様相を呈するのである。これが、クルアーンを翻訳したものが、一種のアダプテーション、あるいは翻案に近いものであると言える第一の背景である。

　第二の背景は、クルアーンが、意味と同時に、その音声的な美しさに価値を置く聖典であることである。

　ムハンマドが生まれたアラブの社会では、詩に高い価値が置かれていた。部族や個人の栄誉が詩の美しさによって保たれ、高められた。これらの詩は、文字として書かれ、黙読されるものではなかった。詩の優劣は、人々の前で朗々と謳い上げられることで競われていた。

クルアーンは、そのような社会の中に、ありとあらゆる詩を凌駕・圧倒する美しさと完全性を有することを自ら宣言する聖典として出現した。

「それとも彼らは、彼（ムハンマド）がそれ（クルアーン）を捏造した、と言うのか。言え。それならばおまえたちが、それと同様の章を一つ持ってこい」（クルアーン第一〇章第三八節）。

この節では、クルアーンが神からの啓示でないと言うのなら、それと同じほどのレベルの言葉を持ってきて見せよ、と詩人たちに挑戦している。

イスラーム教の教義では、「使徒（rasūl）」（特定のメッセージを伝えるために神に召命された預言者）には、彼が本物の「使徒」であることを証明する超常現象＝奇蹟（muʻjizah）が与えられるとされる。ムハンマドには数多くの奇蹟が与えられたと信じられているが、その中の一つがクルアーンである。クルアーンの言葉は、被造物が同様のものを作ることが不可能である（「模倣不可能性」を有する）ことから、神によって与えられた奇蹟に数えられる。

クルアーンのこの奇蹟性は、意味における卓越だけではなく、音声的な面にも宿っている。

クルアーンにはときおり、アラビア文字をいくつか並べただけの、意味不明な文字列が登場する。たとえば、第一九章・マルヤム（マリア）章の冒頭は、「カーフ／ハー／ヤー／アイン／サード」という五つの文字で開始される。

日本語で「神秘文字」と呼ばれることのあるこれらの文字列は、アラブ人であっても（少なくとも諸学説を学ぶ前に初見で見た限りでは）その意味を汲み取ることはできない。一見、完全に無意味な文字の羅列である。

これらの「神秘文字」が存在する目的の一つは、意味を持つクルアーンの言葉に耳を傾けなかったアラブの多神教徒に、クルアーンの音を届けることであったと言われる。クルアーンは、意味を持つ言葉によって詩人たちを圧倒したのみならず、意味を持たない文字の羅列が奏でる音声的な美しさだけで、アラブの心を捉えようともしたのである。

クルアーンの音声的側面が重要であることは、ムスハフ（muṣḥaf）――クルアーンを本の形にしたものをこのように呼ぶ――を開いてみてもよくわかる。

ムスハフのページの上に書かれているのは文字だけではない。文字の上下（ときに左右）に、発音の方法を示すためのさまざまな「発音記号」が付されている。今日では、記号だけでは表すことができない発音上の規則を、さらに文字に色を付けることで示すムスハフも流通している（図表1）。

図表1　発音規則の一部を文字の色の違いで表したムスハフの一例。ページ下部の表に、それぞれの色の意味が説明されている。出典：*Muṣḥaf al-Tajwīd: Juz' 'Amma*. n.d. Dār al-Ma'rifah. p. 25.

図表2　クルアーン第1章の旋律を西洋楽譜で書き記したもの。出典：Edward William Lane. 1860. *An Account Of The Manners And Customs Of The Modern Egyptians*. fifth edition. John Murray. p. 376.

ムスハフは、「譜面」通りに読むことで旋律が口から流れ出る点で、音譜に似ている。実際、クルアーンの旋律を楽譜に写しとった研究者もいた（図表2）。日本の芸術の枠内で言えば、ムスハフは吟譜にも似ている。ムスハフにおいて文字の周囲に振られた発音記号は、ちょうど、吟譜において文字の横に書かれる吟符のようだ（図表3、図表4）。

ムスリムがクルアーンを読む際には、この発音記号の付いたムスハフが用いられる。[15] クルアーンの音を正確に発音することは大変重視され、クルアーンを正しく、かつ美しく読む能力は、その人間に社会的な栄誉を付与しもする。宗教学校の初等教育では、クルアーンを正しく学ぶための訓練は欠かせず、今日では、多くの国でクルアーン読誦大会が大々的に開催されている。

クルアーンは、音声を発し、読誦法に基づいて朗々と読み上げられる聖典である。

このような性質を持つクルアーンを翻訳する営為は、ジャンルとしては詩の翻訳に近い。

翻訳――特に詩のそれ――において、「文調」、「詩想」を移すことの重要性を強調し、それこそが「翻訳における根本的必要条件である」と言ったのは二葉亭四迷だった。[16] 萩原朔太郎は、外国語の詩を日本語に翻訳する際は「ムード」を伝えることが重要であり、翻訳するのではなく、翻案しなければならないと断言した。[17]「翻訳王」森田思軒は、原作の気勢を活かすために、原作の「神(しん)」を翻訳すべきだと主張している。[18]

言葉の意味を伝えるだけではなく、起点テクストの「文調」、「詩想」、「ムード」、「神(しん)」を伝えることは、クルアーンのような宗教の聖典を翻訳する際に、第一に目指さなければならない主たる目的（スコポス）であろう。

クルアーン日本語訳の文体と語調を整える――朔太郎の言葉を借りれば「ムード」を出す――た

めには、彼を我に、我を彼に変え、名詞を動詞に、形容詞を副詞にし、文の順序を入れ替え、ときに原文から（少なくとも表面的には）遠く離れる勇気が必要となる。

もちろん、「そんなものはクルアーンではない」という声はあるかもしれない。しかし幸い、どのような形であれ、翻訳されたすべてのものがクルアーンではないことは、イスラーム教神学が元より保証してくれるところである。

獄中有感

朝蒙恩遇夕焚坑
人生浮沈似晦明
縦不回光葵向日
若無開運意推誠
洛陽知己皆爲鬼
南嶼俘囚獨竊生
生死何疑天附與
願留魂魄護皇城
（願留魂魄護皇城）

西郷南洲

図表3　吟譜の一例。文字の右側に吟符が書かれている。出典：野村邦近監修『略符及注解入　吟詠教本 ―― 漢詩篇(二)』日本詩吟学院岳風会、1990年、140頁

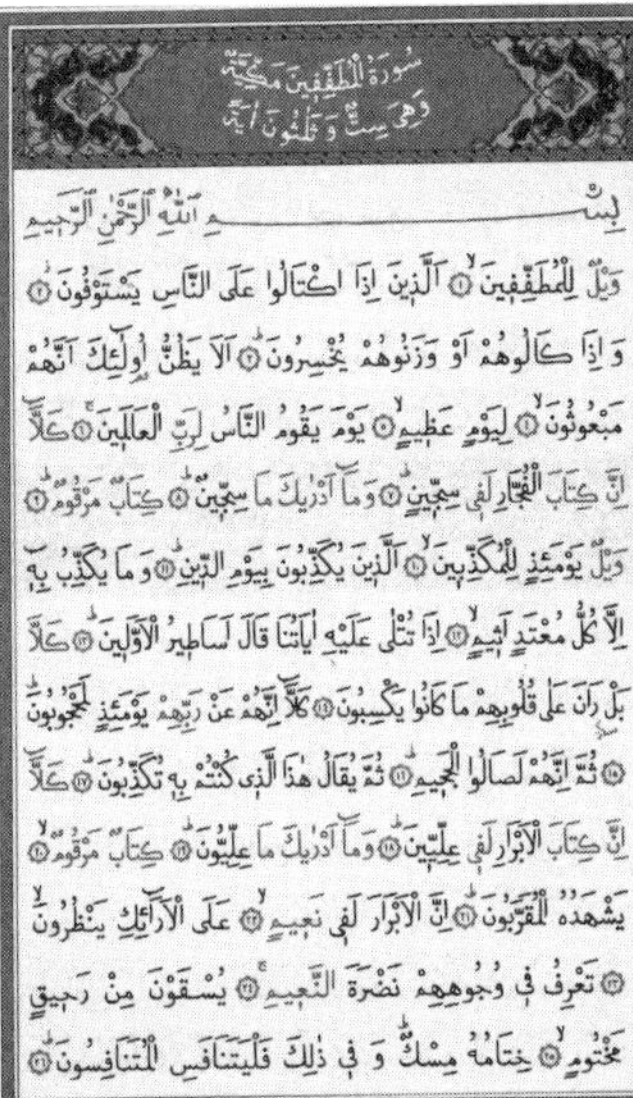
سورة المطففين مكية
وهي ست وثلاثون اية
بسم الله الرحمن الرحيم
ويل للمطففين ١ الذين اذا اكتالوا على الناس يستوفون ٢
واذا كالوهم او وزنوهم يخسرون ٣ الا يظن اولئك انهم
مبعوثون ٤ ليوم عظيم ٥ يوم يقوم الناس لرب العالمين ٦ كلا
ان كتاب الفجار لفي سجين ٧ وما ادريك ما سجين ٨ كتاب مرقوم ٩
ويل يومئذ للمكذبين ١٠ الذين يكذبون بيوم الدين ١١ وما يكذب به
الا كل معتد اثيم ١٢ اذا تتلى عليه اياتنا قال اساطير الاولين ١٣ كلا
بل ران على قلوبهم ما كانوا يكسبون ١٤ كلا انهم عن ربهم يومئذ لمحجوبون
١٥ ثم انهم لصالوا الجحيم ١٦ ثم يقال هذا الذي كنتم به تكذبون ١٧ كلا
ان كتاب الابرار لفي عليين ١٨ وما ادريك ما عليون ١٩ كتاب مرقوم ٢٠
يشهده المقربون ٢١ ان الابرار لفي نعيم ٢٢ على الارائك ينظرون
٢٣ تعرف في وجوههم نضرة النعيم ٢٤ يسقون من رحيق
مختوم ٢٥ ختامه مسك وفي ذلك فليتنافس المتنافسون ٢٦

図表4　ムスハフの一例。アラビア文字の上下に書かれた小さな文字・記号は発音の規則を表す。出典：*Hafiz Boy Renkli Kur'an-ı Kerim*. 2013. Hayrât Neşriyat. p. 587.

▼註

▼1 もちろん、これらの翻訳間にも方針の違いがあり、特定の視点から見ればまったく両極端な翻訳の手法が採用されていると考えることもできる。たとえば、「自国化翻訳・同化（domestication）」か「異国化翻訳・異化（foreignization）」か、という基準で考えれば、自然な日本語であることを第一に重視している水谷訳は前者、日本語としてやや不自然な構文も躊躇せずに用いる中田訳は後者の方針を採用していると言える。

▼2 井筒俊彦訳『コーラン（上）』岩波文庫、一九六四年（改版）、三〇五頁。

▼3 ハガグ・ラナは、井筒訳を「口語体」、日本ムスリム協会版を「文語体」に分類し、両者の文体を対照的なものとして分析している（ハガグ・ラナ「文体の選択に関する翻訳ストラテジーについての考察――クルアーンの日本語訳を例にして」『言語社会』第一一号、二〇一七年、七八から九五頁）。本エッセイは、「意味か、リズムか」という点に焦点を当てており、このハガグの分類とは重ならない。

▼4 これらの翻訳の訳者と成立の経緯は、後藤絵美「日本におけるクルアーン翻訳の展開」松山洋平編『クルアーン入門』作品社、二〇一八年、一二五から一七三頁に簡潔にまとまっている。

▼5 大川周明訳注『古蘭』岩崎書店、一九五〇年。書肆心水から出ている大川周明訳・註釈『文語訳　古蘭（コーラン）』上下巻、書肆心水、二〇一〇年がより読みやすい。

▼6 大川周明訳・註釈『文語訳　古蘭（コーラン）』下巻、六七五頁。

▼7 水谷周監訳、杉本恭一郎訳補完『クルアーン　やさしい和訳』国書刊行会、二〇一九年、五八〇頁。

▼8 アリ・安倍治夫「大川周明とイスラーム教――闇を照らした大きな流れ星」『マージナル』第六号、現代書館、一九八八年、五六頁。

▼9 もちろん、声に出して朗誦するからこそ、文語体ではなく、口語体の方が「親しみ」を持ててよい、という評価もあり得る（ハガグ・ラナ「文体の選択に関する翻訳ストラテジーについての考察」九二から九三頁）。この辺りは完全に好みの問題かもしれないが、既存の翻訳が読者に与えるものが「親しみ」なのかどうかは、検討することもできるだろう。

▼10 アリ・安倍治夫訳『日・亜・英対訳　聖クルアーン』谷沢書房、一九八二年、二七八頁。

▼11 同一五五頁、一五七頁。

▼12 アダプテーションとは、ある対象を、その対象が存立する媒体とは異なる形式の媒体に移し替えることを意味する。たとえば、小説を原作として映画を作製したり、反対に、映画を基にした小説を執筆することは、典型的なアダプテーションである。翻案は、アダプテーションと同義に用いられることもあるようだが、ここでは、ある原作を下地にした上で、その作品の内容を（主に目標言語を使用する人々の文化的環境に沿う形で）改変し、二次創作的な作品を新たに創ることを特に指している。

▼13 ルドルフ・パンヴィッツ（Rudolf Pannwitz：一八八一年生まれ、一九六九年没）が述べたように、起点言語に究極まで近づいていき、目標言語の型をあえて破綻させるような翻訳を行なうことで、目標言語の可能性を逆に拡張させるような、一つの翻訳の理想がある（ルドルフ・パンヴィッツ「『ヨーロッパ文化の危機』補説（一九一七年）」三ッ木道夫編訳『思想としての翻訳――ゲーテからベンヤミン、ブロッホまで』白水社、二〇〇八年、一六六から一六九頁）。

▼14 下村佳州紀は、クルアーン本文とその翻訳の関係を、国際条約の解釈においてよりどころとなる「正文」と、その「参考訳」との関係に譬えている（下村佳州紀「クルアーンはなぜ奇蹟とされるのか」松山洋平編『クルアーン入門』四七から四八頁）。

▼15　イスラーム教最初期においてはこうした発音記号は発達しておらず、ムスハフにも書かれていなかった。しかし、今日では文字のみのムスハフは流通しておらず、必ず発音記号が振られている。

▼16　二葉亭四迷「余が飜譯の標準」『二葉亭四迷全集』第四巻、筑摩書房、一九八五年、一六八頁。旧字体は新字体に改めた。

▼17　萩原朔太郎「詩の飜譯について」『萩原朔太郎全集』第九巻、筑摩書房、一九七六年、八八から九八頁。

▼18　森田思軒「坪内逍遙宛の書簡」加藤周一・丸山真男編『翻訳の思想』岩波書店、一九九一年、二八九頁。

7 「不信仰の地」の神学――イスラームの臨界点

クルアーン（コーラン）第三五章第二四節には、歴史上、神が、地上のさまざまな共同体に対して、神託を携えた預言者を遣わした旨が記されている。

「まことに、われらはおまえを真理と共に吉報者として、また警告者として遣わした。そしてどんな共同体も、彼らの内に警告者が逝かなかったところはなかった」（第三五章第二四節）。

しかしこのことは、あらゆる個々人に対して、神の遣わした預言者の教えが必ず到達することを意味するわけではない。あらゆる民に預言者が遣わされたとするイスラーム教においても、一人の預言者の教えが消滅した後に、その次の預言者が派遣されるまでの空白の時間に生きる者の存在が認められている。イスラーム教神学では、彼らを「中間時の民（ahl al-fatrah）」と呼び、その責任能力（taklīf）――つまり、彼らに神を信仰する義務が生じるのか否か――や、来世における救済の如何が議論されてきた。

アラブ諸国や東南アジアで主流の神学派であるアシュアリー派においては、神の存在を信じることが義務であることや、物事の善悪・美醜は、基本的に啓示によって初めて証明される。そのため、啓示のメッセージが到達していない民の責任能力は認められず、「中間時の民」には、神への信仰も、イスラーム法の遵守も義務づけられず、彼らは来世において救済に与かるとされる。この教説の根拠としてもっとも頻繁に言及されるのは、クルアーン第一七章第一五節である。

われら（アッラー）は、使徒を遣わすまで懲罰を下す者ではない。（第一七章第一五節）

「中間時の民」は、たとえ正しい宗教を歪曲しようとも、あるいは、たとえ偶像を崇拝しようとも、死後、救済に与かるとまで言われる。[1] 無論、「無神論者」であっても同じである。また、アシュアリー派の一説によれば、そもそも宣教が到達していない民には、有効な信仰が成立し得ないとも言われる。[2]

ムスリムの思想家である中田考は、以上のようなアシュアリー派の教説が、祖先供養が重要視される日本においてイスラーム教と他宗教の共存の神学的基礎となること、および、日本におけるイスラーム教の宣教の助けとなることを説いている。[3]「中間時の民」をめぐる教説は、イスラーム教徒ではない者の救済を問題とする点で、イスラーム教と他宗教の間の臨界点、ムスリムと非ムスリムの境界を扱う領域と言うことができる。

本エッセイでは、アシュアリー派と並び立つスンナ派のもう一つの神学派であるマートゥリーディー派に着目し、「中間時の民」をめぐる同派の教説を考察する。そして、中田が示したものとは異なる回路によって、イスラーム教と他宗教の共存のための神学的基盤が成り立つ可能性を検討したい。

マートゥリーディー派の考え方

マートゥリーディー派は、九世紀から一〇世紀のサマルカンドで活躍したアブー・マンスール・アル＝マートゥリーディー（Abū Manṣūr al-Māturīdī：九四四年頃没）を名祖とする神学派で、ハナフィー法学派の学者に受容されている（図表1）。トルコ、中央アジア、南アジアで影響力を持つ。現代においてスンナ派を自認するムスリムの多勢は、アシュアリー派とマートゥリーディー派を正統性を持つ二大神学派として奉じている。

法学派	神学的立場
ハナフィー派	マートゥリーディー派
シャーフィイー派	アシュアリー派
マーリキー派	アシュアリー派
ハンバリー派	伝承主義

図表1　後期スンナ派における法学派と神学的立場のおよその分布。出典：筆者作成

アシュアリー派の説とは異なり、マートゥリーディー派の通説では、時間的な空白期間に生きた「中間時の民」、および、地理的な要因で宣教が到達していない民にも、自力で神への信仰に到達することが義務となり、それが彼らにとっての来世における救済の条件となる[4]。

同派のもっとも重要な神学者の一人であるアブー・アル＝ムイーン・アン＝ナサフィー（Abū al-Mu'īn al-Nasafī：一一一五年没）は次のように言う。

> 理性を持つ者が、啓示が到達していない状態においてその主を知らない場合、彼は免責されるのだろうか。我々の見解では、彼は免責され

ない。彼には、世界に（li al-ʻālam）造物者（ṣāniʻ）がいることを、根拠を介して知る（yastadill）ことが義務となる。[5]

マートゥリーディー派の代表的な神学書である、スィラージュッディーン・アル＝ウーシー（Sirāj al-Dīn ʻAlī b. ʻUthmān al-Ūshī：一一七九／八〇年没）著『口述の始まり（*Badʼ al-Amālī*）』にも、「理性を持つ者は、天と地の創造者について無知であることは許されない[6]」と明言されている。宣教未到達の民に神の存在への信仰が義務となる事由は、①人間に具わる理性（ʻaql）と、②物事の理について熟考する時間の経過の二つである。

ヒドゥル・ベク（Khiḍr Bek b. al-Jalāl：一四五九年没）著『ヌーンの韻律詩（*al-Qaṣīdah al-Nūnīyah*）』には次のように記されている。「アブー・ハニーファ（Abū Ḥanīfah Nuʻmān b. Thābit：六九九年?生まれ、七六七年没）においては、思考（fikr）の時間が経過した後、理性ある者は、その創造者に無知であることは許されない[7]」。

アラーウッディーン・アブドゥルアズィーズ・アル＝ブハーリー（ʻAlāʼ al-Dīn ʻAbd al-ʻAzīz b. Aḥmad al-Bukhārī：一三二九／三〇年没）は以下のように述べ、理性ある者が世界について思考を巡らせるための経験と時間を得ることは、預言者を通した啓示メッセージの伝達と等価であり、神の存在を確信するための十分な条件になると説く。

一方、アッラーが彼に経験を付与し、物の理を理解するまで彼を長く生かした場合、彼は免責されない。なぜなら、長く生かされること、あるいは熟慮の期間を得ることは、不覚の眠りから心を喚起することにおいて、預言者たちの呼びかけと等しい地位にあり、その後には、彼は免責されないからである。[8]

宣教未到達の民に神への信仰が義務となると説くこれらの神学者たちは、クルアーンからの根拠として以下の諸節を挙げる。[9]

それから太陽が昇るのを見ると、（アブラハムは）言った。「これがわが主である。この方がさらに大きい」。それからそれが沈むと、彼は言った。「わが民よ、私はあなたがたが同位に崇めるものとは無縁である」。（第六章第七八節）

彼らは天と地の王権と、なんであれアッラーが創造し給うたものを眺めたことがないのか。（第七章第一八五節）

まことに、聴覚、視覚、そして心、それらはすべて、彼（アッラー）について問われるのである。（第一七章第三六節）

いずれわれらは彼らに地平線と彼ら自身の中にわれらの諸々の印を見せるであろう。彼らにそれが真理であることがはっきりするように。おまえの主で万全であらせられなかったか。彼があらゆるものの上に証言者であらせられることで。（第四一章第五三節）

それで彼らはラクダを眺め（考え）ないのか、どのようにそれが創られたか。そして空がどのように持ち上げられたか。そして山々がどのように据えられたか。そして大地がどのようにそれが平らにされたか。（第八八章第一七節から第二〇節）

これらの節では、預言者アブラハムが、言語的な啓示の介在なく、世界の事象を観察することのみによって神への信仰に到達した事例や、世界に顕れる神の存在を証しする諸々のしるし、および、それを認識する人間の感覚が言及されている。

ところで、先に言及した、アシュアリー派が「中間時の民」が免責される根拠とする「われらは、使徒を遣わすまで懲罰を下す者ではない」（クルアーン第一七章第一五節）との節は、マートゥリーディー派においてはどのような意味で理解されるのだろうか。

マートゥリーディー派の名祖アブー・マンスール・アル＝マートゥリーディーは、この節で言及される「懲罰」を、来世における懲罰ではなく、現世における一民族の根絶（ihlāk isti'ṣāl）の懲罰を意味するものとして解釈している。▼10 クルアーンの中には、ムハンマドが生まれるより前の時代に、預言者を拒否し、不義を重ねたために、超常的災害によって滅亡させられたいくつもの民の物語が収められている。マートゥリーディーによれば、件の節はそのような文脈の中に位置づけられるという。実際、第一七章第一五節の直後には次のような言葉が続いている。

そしてわれらが一つの街を滅ぼそうと望んだ時には、そこの裕福な者たちに命じたが、彼らはそこで不義を成し、その上に御言葉が成就し、われらはそこを壊滅的に破壊した。また、ノアの後、どれほどの世代をわれらは滅ぼしたことか。そしておまえの主は、彼のしもべたちの罪を知悉し見通し給う御方として万全であらせられる。（クルアーン第一七章第一六節から第一七節）

この文脈を考慮すれば、マートゥリーディーの解釈はけして理解の難しいものではない。

「不信仰の地」の「信仰者」

以上のように、マートゥリーディー派では、宣教未到達の民にも神への信仰が課され、それが彼らにとっての救済の条件となる。

しかしながら、たとえ神を信じたとしても、彼らはクルアーンを知らず、預言者を知らず、礼拝や喜捨など、イスラーム教で求められる宗教行為を一切知らない。彼らを、少なくとも通常の意味で「イスラーム教徒」と呼ぶことはできないだろう。はたして、神を信じるに至った宣教未到達の民は、ムスリムの目からどのように認識されるのだろうか。

この問いに対する直接的な答えを用意しているのが、『広大なる理解（*al-Fiqh al-Absaṭ*）』というテクストである。このテクストは、主にバルフで活躍したハナフィー派の学者アブー・ムティーウ・アル＝バルヒー（Abū Muṭīʿ al-Balkhī：七三〇年生まれ、八一四年没）に帰されるもので、バルヒーが、自身の師であるアブー・ハニーファに質問し、アブー・ハニーファがそれに解答を与える形式で書かれている。バルヒーの存命中に北東イランで広がり、その後も広く読まれてきた、マートゥリーディー派が生まれる素地を形成したテクストの一つである。

『広大なる理解』の中でバルヒーは、師アブー・ハニーファに対して、無知な者の信仰、そして、「不信仰の地」において、イスラーム教の教義をまったく知らない者の信仰について質問する。

もし「不信仰の地」において、ある者が包括的にイスラームを認めたものの、義務や法を一切知らず、啓典（al-kitāb）を認めず、帰依に関わる教説（sharāʾiʿ al-islām）を一切認めず、ただ、アッラーと信仰のみを認め、信仰に関わる教説（sharāʾiʿ al-īmān）を一切認めずに死んだ場合、彼は信仰者（muʾmin）でしょうか。[11]

アブー・ハニーファは、この問いに対して「そうだ」と即答する。

バルヒーは続けて、より根本的な問いを問う。「もし彼が、何も知らず、何も行なわず、ただ信仰だけを認めて死んだとすればどうでしょう[12]」。

この問いに師は、「その者は信仰者（muʾmin）である[13]」と答える。

なお、イスラーム教神学の伝統では、「信仰者」という言葉は、まったき信仰を具えた、神の目から見て十全な信徒を常に意味する。さらに、マートゥリーディー派の伝統では、「信仰者（muʾmin）」は「帰依者＝ムスリム（muslim）」と同一の対象を指す言葉であり、「すべての信仰者は帰依者（ムスリム）であり、すべての帰依者（ムスリム）は信仰者である」と言われる。最後に引用した「その者は信仰者である」とのアブー・ハニーファの言葉は、「その者はムスリムである」と読み替えてもよい。

『広大なる理解』に示されるこのような教説は、このテクストに特有の例外的記述というわけではない。マートゥリーディー派神学の中には、これと類似性のある教説が頻見される。

たとえば、マートゥリーディー派では、教義の証拠を知らずに、他人の判断に盲目的に追従して信仰した者（muqallid）の信仰も承認される傾向が強い。さらに、詳細（tafṣīl）な信仰の伴わない包括的（jumlah）な信仰が、十分な信仰として認められる。包括的な信仰とは、教義の詳細を知らないまま、イスラーム教全体の真実性を承認することを言う。個別的問題について言えば、預言者ムハンマドの素性を知らないまま、彼を預言者と信じることや、酒が何であるかを知らないまま、飲酒が禁じられていることを信じることなども包括的な信仰の範疇に入る。[14] また、マートゥリーディー派の神学者が例外なく所属するとされるハナフィー法学派の説では、多神教徒は、「私はアッラーを信じる」などの言葉を一言述べるだけでムスリムになったものと判断される。[15]

以上のことから、次のように述べることは一定の妥当性を持つように思われる。

マートゥリーディー派の教義においては、イスラーム教の教義や宗教実践が知られていない「不信仰の地」におけるムスリムと非ムスリムの関係性を、厳密な他者性に基づいた「我々／彼ら」の枠組みで認識すること、つまり、狭義の実定宗教であるイスラーム教に帰属意識を持つ「ムスリム」と、そうではない「非ムスリム」の枠組みで認識することは、必ずしも適切ではない。

特に、「不信仰の地」において唯一の造物者を信じる人々は、たとえ、実定宗教としてのイスラーム教に属していないとしても、マートゥリーディー派の教義に基づけば、「信仰者」として認識される。つまり、「不信仰の地」という圏域においては、理性の思索によって多神崇拝や無神論から離れ、世界の造物者の存在を認識した者は凡そ、造物者への信仰を狭義のムスリムと共有する、信仰上の同胞として包括される神学的妥当性が認められる。

もっともこのことは、マートゥリーディー派において、宣教未到達の民、あるいは「中間時の民」が、造物者の存在以外のイスラーム教の信仰対象を信じず、狭義のムスリムとならない事態が好ましいものであるということを意味するわけではない。しかし、造物者の存在以外の教義を信じること、あるいは、行為に関わる神の命令を順守することについては、個々の事項について、その根拠が「立証（qiyām al-ḥujjah）」されるまで、免責されるのである。[16]

このことは机上の空論ではなく、歴史的にも関連性を持つ事例が認められる。ウィルフェルド・マデルング（Wilferd Madelung：一九三〇年生まれ、二〇二三年没）は、以上で示したような特徴を持つマートゥリーディー派の教説が、セルジューク朝以前のトルコ系遊牧民のイスラーム教受容に大きな役割を果たしたことを指摘している。[17] つまり、彼らをイスラーム化したのはマートゥリーディー派の母体となったサマルカンドの学者たちであったが、『広大なる理解』に示されるようなマートゥリーディー派特有の神学が背景となり、込み入った教義や法規定を学ぶ意思を持たないトルコ系遊牧民のイスラーム教受容を促進したというのである。

もっとも、現代の日本が、ここで論じたような「不信仰の地」にあたるのか否かという問題には議論の余地があろう。しかし、情報過多の現代において、イスラーム教の聖典その他のテクストへのアクセス能力を持たない非イスラーム教諸国の一般人が、イスラーム教に関する知識を正確に吟味することができないことはたしかであろう。

「ムスリム」と「非ムスリム」の不透明な境界

宣教未到達の民は責任能力の欠如によりほぼ無条件に救済されるとの立場をとるアシュアリー派

とは異なり、マートゥリーディー派の最大多数派説では、造物者の存在を認めることは、理性を持つ人間の義務であり、たとえイスラーム教の宣教が到達していなくとも、造物者の存在を信じなかった者は救済に与らないとされる。

したがって、来世における救済という局面から見れば、マートゥリーディー派は、アシュアリー派よりも「門戸が狭い」と言うことができるかもしれない。しかしながら、マートゥリーディー派のこの教説は、逆説的に、イスラーム教の教説が知られていない「不信仰の地」においても、漠然とした「造物者」への信仰を持つ人間が、イスラーム教的見地から見たまったき信仰者として認められる、という見方を生む。「不信仰の地」の人間は、イスラーム教の教義をまったく信じず、イスラーム教で定められた法的義務をまったく果たさずとも、造物者への信仰一点をもってして、「信仰者」として認められる。

したがって、「不信仰の地」においては、狭義の実定宗教であるイスラーム教を奉じる狭義の「ムスリム」と「非ムスリム」とを区別する境界線は、必ずしも確定的なものではない。この圏域においては、造物者を信じる者と信じない者とが区別されるのであり、前者は、その信仰内容・実践を問わず、「信仰者」とみなされ得る。「不信仰の地」においては、ムスリムと非ムスリムの境界が、この意味で不透明になるのである。

異なる信仰・宗教に属する人間同士の対話が行なわれる際、その対話が行なわれる場と、対話相手の神学的な地位・位置づけは、対話を意味づけるための根本的な前提事項である。本エッセイで示したマートゥリーディー派の教説は、「不信仰の地」における宗教間対話、特に、狭義のムスリムとそれ以外の人々との間の対話・交流の意味や方向性を定める神学的基盤となり得る。

ムスリムはこの地において、「他者」としてではなく、信仰を共有し得る相手として、非ムスリムを見る視点を持つことができる。この、共有され得る信仰心こそ、日本におけるイスラーム教と非イスラーム教の臨界点となる。

註

▼1 Shihāb al-Dīn Aḥmad b. Muḥammad al-Ṣāwī. 2010. *Ḥāshiyah al-Ṣāwī ʿalā Jawharah al-Tawḥīd*. Dār al-Kutub al-ʿIlmīyah. p. 38. Ibrāhīm al-Bājūrī. n.d. *Sharḥ Jawharah al-Tawḥīd*. ed. by Muḥammad Adīb al-Kaylānī and ʿAbd al-Karīm Tattān. n.p. p. 44. ただし、「中間時の民」は一人残らず救済されるとは限らず、神がその叡知に基づいて、特定の人物を火獄に入れることはあり得るとされる。

▼2 Kamāl al-Dīn b. al-Humām. 2002. *al-Musāyarah fī al-ʿAqāʾid al-Munjiyah fī al-Ākhirah*. ed. by Maḥmūd ʿUmar al-Dimyāṭī. Dār al-Kutub al-ʿIlmīyah. p. 165.

▼3 中田考「救済の境界——イスラームにおける異教徒の救済」『一神教学際研究』第二巻、二〇〇六年、六三から七七頁。

▼4 ʿAbd al-Raḥīm b. ʿAlī Shaykh Zādeh. 1899/1900. *Kitāb Naẓm al-Farāʾid wa Jamʿ al-Fawāʾid fī Bayān al-Masāʾil allatī Waqaʿa fī-hā al-Ikhtilāf bayn al-Māturīdīyah wa al-Ashʿarīyah*. editor unknown. al-Maṭbaʿah al-Adabīyah. pp. 35–37; Ḥusām al-Dīn al-Ikhsīkatī. 1999. *al-Muntakhab*. In Walī al-Dīn Muḥammad Ṣāliḥ al-Farfūr. *al-Mudhhab fī Uṣūl al-Madhhab ʿalā al-Muntakhab*. 2 vols. Dār al-Farfūr. Vol. 2. pp. 373ff. なお、マートゥリーディー

派では伝統的に、時間的な観点から宣教が届かなかった「中間時の民」と、地理的要因で宣教が届いていない民の間に区別を設けず、両者を列記するか、後者のみが関心事であることが多い。cf., ʻUthmān al-Kulaysī al-ʻUryānī. 2003. *Khayr al-Qalāʼid Sharḥ Jawāhir al-ʻAqāʼid*. ed. by Aḥmad Farīd al-Mazīdī. Dār al-Kutub al-ʻIlmīyah. p. 204; al-Mullā ʻAlī al-Qārī. 1998. *Minaḥ al-Rawḍ al-Azhar fī Sharḥ al-Fiqh al-Akbar*. ed. by Wahbī Sulaymān Ghāwjī. Dār al-Bashāʼir al-Islāmīyah. p. 292; Abū al-Barakāt al-Nasafī. 2012. *Sharḥ al-ʻUmdah fī ʻAqīdah Ahl al-Sunnah wa al-Jamāʻah*. ed. by ʻAbd Allāh Muḥammad ʻAbd Allāh Ismāʻīl. al-Maktabah al-Azharīyah li al-Turāth. p. 368; Nūr al-Dīn ʻAlī al-Qārī. 2011[2]. *Ḍawʼ al-Maʻālī ʻalā Manẓūmah Badʼ al-Amālī*. ed. by ʻAbd al-Salām b. ʻAbd al-Hādī Shannār. Dār al-Bairūtī. p. 145. マートゥリーディー派の中で、神への信仰が理性によっては義務とならないとする神学者としては、アブー・アル＝ユスル・アル＝バズダウィー（Abū al-Yusr Muḥammad al-Bazdawī, d. 1099）を挙げることができる。Abū al-Yusr Muḥammad al-Bazdawī. 2003. *Uṣūl al-Dīn*. ed. by Hans Peter Lins. al-Maktabah al-Azharīyah li al-Turāth. pp. 214–217. ハヤーリー（Aḥmad b. Mūsā Shams al-Dīn al-Khayālī, d. 1470?）は、宣教未到達の民を、意識的に信仰を選んだ者、意識的に不信仰を選んだ者、そのどちらも選択しなかった者の三種に分け、意識的に不信仰を選んだ者以外は救済されるとの立場をとる。ʻAbd al-Naṣīr Nātūr Aḥmad al-Malībārī al-Hindī. 2008. *Sharḥ al-ʻAllāmah al-Khayālī ʻalā al-Nūnīyah li al-Mawlā Khiḍr b. Jalāl al-Dīn fī ʻIlm al-Kalām: Dirāsah wa Taḥqīq*. Maktabah Wahbah. p. 367. アル＝ムッラー・アリー・アル＝カーリー（Alī b. Sulṭān Muḥammad al-Qārī, d. 1605）は、クルアーン注釈書『クルアーンの諸光と英知の諸神秘（*Anwār al-Qurʼān wa Asrār al-Furqān*）』において、アシュアリー派の自身の『大いなる理解注釈（*Sharḥ al-Fiqh al-Akbar*）』で示している見解とは異なり、アシュアリー派の見解に傾倒しているように読める。al-Mullā ʻAlī al-Qārī. 2013. *Tafsīr al-Mullā ʻAlī al-Qārī*. 5 vols. ed. by

Nājī al-Suwayd. Dār al-Kutub al-'Ilmīyah. Vol. 3. p. 127. ブハーラーのハナフィー派の神学者たちは、この問題についてアシュアリー派と同じ立場をとり、宣教が到達しなければ信仰は義務付けられないと説く。この点は中田も引用している（中田考「救済の境界」七〇頁）。ただし、ブハーラー学団は、信仰の被造物性の問題において信仰非被造物説に立っており、信仰が被造物であるとする者を不信仰者認定（takfīr）し、そのような者の先導による礼拝に参加することを禁じているため、マートゥリーディー派の主要な神学者からは無知な集団とみなされている。Ibn al-Humām. *al-Musāyarah*. pp. 313–314; Kamāl al-Dīn b. Abī Sharīf. 2002. *al-Musāmarah*. ed. by Maḥmūd 'Umar al-Dimyāṭī. Dār al-Kutub al-'Ilmīyah. pp. 313–314; al-Bazdawī. *Uṣūl al-Dīn*. pp. 158–159. そのため筆者は、ブハーラー学団の見解をマートゥリーディー派の一説とみなすことには慎重であるべきと考える。

▼5 Abū al-Mu'īn al-Nasafī. 2000. *Baḥr al-Kalām*. ed. by Walī al-Dīn Muḥammad Ṣāliḥ al-Farfūr. Maktabah Dār al-Farfūr. p. 82.

▼6 Sirāj al-Dīn 'Alī b. 'Uthmān al-Ūshī. 2010. *Bad' al-Amālī*. In Muḥammad Aḥmad Kan'ān. *Jāmi' al-La'ālī Sharḥ Bad' al-Amālī fī 'Ilm al-'Aqā'id*. Dār al-Bashā'ir al-Islāmīyah. p. 301.

▼7 Ibn al-Jalāl Khiḍr Bek. 2003. *al-Qaṣīdah al-Nūnīyah*. In 'Uthmān al-Kulaynī al-'Uryānī. *Khayr al-Qalā'id Sharḥ Jawāhir al-'Aqā'id*. ed. by Aḥmad Farīd al-Mazīdī. Dār al-Kutub al-'Ilmīyah. p. 203. アブー・ハニーファとはハナフィー法学派の学祖であるが、マートゥリーディー派は、アブー・ハニーファの信条を自分たちの信条の基礎と認識している。

▼8 'Alā' al-Dīn 'Abd al-'Azīz b Aḥmad al-Bukhārī. 1997. *Kashf al-Asrār 'an Uṣūl Fakhr al-Islām al-Bazdawī*. ed. by 'Abd Allāh Maḥmūd Muḥammad 'Umar. 4 vols. Dār al-Kutub al-'Ilmīyah. Vol. 1. p. 331.

▶9 al-Nasafī. *Baḥr al-Kalām*. p. 82; Nūr al-Dīn al-Ṣābūnī. 1969. *Kitāb al-Bidāyah min al-Kifāyah fī al-Hidāyah fī Uṣūl al-Dīn*. ed. by Fathalla Kholeif. Dār al-Maʻārif. p. 150; al-Bazdawī. *Uṣūl al-Dīn*. p. 215.

▶10 Abū Manṣūr al-Māturīdī. 2005. *Ta'wīlāt Ahl al-Sunnah*. ed. by Majdī Bāsallūm. 10 vols. Dār al-Kutub al-ʻIlmīyah. Vol. 7. p. 20.

▶11 Abū Ḥanīfah al-Nuʻmān b. Thābit. 2001. *al-Fiqh al-Absaṭ*. In Abū Ḥanīfah. *al-ʻĀlim wa al-Mutaʻallim – al-Fiqh al-Absaṭ – al-Fiqh al-Akbar – Risālah Abī Ḥanīfah – al-Waṣīyah*. ed. by Muḥammad Zāhid al-Kawtharī. al-Maktabah al-Azharīyah li al-Turāth. p. 43. なお、「帰依に関わる教説」とは、イスラーム教の教える身体的な服従行為・宗教行為を指し、「信仰に関わる教説」とは、イスラーム教の信条を指す。

▶12 Abū Ḥanīfah. *al-Fiqh al-Absaṭ*. p. 43.

▶13 Abū Ḥanīfah. *al-Fiqh al-Absaṭ*. p. 43.

▶14 たとえば、Abū al-Muʻīn al-Nasafī. 2003. *Tabṣirah al-Adillah*. Vol. 1. ed. by Hüseyn ATAY. Ri'āsah al-Shu'ūn al-Dīnīyah li al-Jumhūrīyah al-Turkīyah. pp. 38–61; Abū al-Thanā' al-Lāmishī. 1995. *Kitāb al-Tamhīd li Qawāʻid al-Tawḥīd*. ed. by ʻAbd al-Majīd Turkī. Dār al-Gharb al-Islāmī. pp. 135–144; al-Bazdawī. *Uṣūl al-Dīn*. pp. 154–155.

▶15 ʻAbd Allāh b. Maḥmūd b. Mawdūd al-Mawṣilī. 1998. *al-Ikhtiyār li Taʻlīl al-Mukhtār*. ed. by ʻAlī ʻAbd al-Ḥamīd Abū al-Khayr and Muḥammad Wahbī Sulaymān. 5 vols. Dār al-Khayr. Vol. 4. p. 424.

▶16 たとえば、al-ʻUryānī. *Khayr al-Qalā'id*. p. 204.

▶17 Wilferd Madelung. 1971. "The Spread of Māturīdism and the Turks." In *Actas do IV Congresso de Estudos Arabes e Islâmicos, Coimbra-Lisboa, 1968*. Leiden: Brill. (Reprinted in Madelung, Wilferd. 1985. *Religious Schools and Sects in Medieval Islam*. London: Variorum Reprints) pp. 122–123.

8　ワールド・イスラミック・ポップ

「ヨーロッパがわれらの故郷。イスラームがわれらの信仰」。

これは、九〇年代にヨーロッパ・イスラーム諸機構連合（The Federation of Islamic Organizations in Europe）の会長アハマド・ラーウィー（Aḥmad Kāẓim Fatḥī al-Rāwī：一九四七年生まれ）が発したメッセージである。▼1

二〇世紀後半、ヨーロッパに住むムスリムの数は大幅に増加した。ヨーロッパしか知らない「二世」、「三世」の割合も増えていき、二〇世紀終盤には、多くのムスリムが、エスニック上の起源を持つ「祖国」ではなく、自分たちの居住するヨーロッパの国を「故郷」と捉えるようになった。ラーウィーの言葉は、二〇世紀末に生まれたこうした新しいムスリム・アイデンティティーの形を端的に言い表している。

今日、パリやロンドンをはじめ、ヨーロッパのいくつかの主要都市では、ムスリムは住民の一部として溶け込んでいる。ヨーロッパの一国に生まれ、その国の言葉を母語とし、その国の国民として人生を送るムスリムは増え続けている。

排外主義者の間では、ムスリムによるヨーロッパの「のっとり」を警戒する声もある。ムスリムは、ヨーロッパで子孫を増やし、ヨーロッパをのっとろうとしている、という主張である。たしかに、ヨーロッパのムスリム人口は、日本の一般的な想像をはるかに超える数に達している。二〇五〇年には、ムスリムの数はフランスやドイツで人口の二割程度に達し、スウェーデンでは人口の三割を超える可能性がある。[2]「のっとる」とまではならないとしても、ヨーロッパの「イスラーム化」は緩やかに進んでいる。排外主義者の懸念は、無根拠の妄想というわけでもない。

フランスが「イスラーム教国家」と化す近未来を描いたミシェル・ウエルベック（Michel Houellebecq：一九五六年生まれ）の『服従（*Soumission*）』は日本でも読まれているが、この小説は、現実離れしたファンタジーを描いたものではなく、ヨーロッパが今後辿ることになる一つの可能なシナリオを描いた作品として読むこともできる。ダグラス・マレー（Douglas Kear Murray：一九七九年生まれ）の『西洋の自死――移民・アイデンティティ・イスラム（*The Strange Death of Europe: Immigration, Identity, Islam*）』も、ヨーロッパが失われる大きな原因の一つがその「イスラーム化」にあるという、けして狭くない層に共有された危機感を背景に書かれている。

新しい文化としてのワールド・イスラミック・ポップ

ヨーロッパに根付くムスリムの間には、新しい宗教文化も生まれている。イスラーム宗教歌とポップカルチャーの融合はその一つである。

二〇〇〇年代から、ピアノやギター、ドラム・セット、シンセサイザーなどを用いた現代洋楽風の曲に、イスラーム教の伝統的な価値や教えを表現する英語の歌詞や、象徴的なMVを合わせる音楽が盛んに発信されるようになった。本エッセイでは、この種の音楽——英語で歌われ世界的に聴かれているポップス調のイスラーム宗教歌——を「ワールド・イスラミック・ポップ」ととりあえず呼んでおきたい。

ワールド・イスラミック・ポップは、欧米に居住するムスリムのみならず、イスラーム教諸国のムスリムの間でも多くのファンを獲得することに成功した。ヨーロッパを主要な発信源とする、二一世紀に確立したイスラーム教における新しい宗教音楽のジャンルである——あるいは、イスラーム教の新しい宗教文化と言ってもよいかもしれない。

さきがけとなったのは、サーミー・ユースフ（Sami Yusuf：一九八〇年生まれ）というイギリス人の歌い手である。二〇〇三年のデビュー後間もなくして、彼の洋楽風のイスラーム宗教歌は、欧米から中東、東南アジアまで、世界各地のムスリムの間に浸透した。一部のアラブ諸国では、街角でも彼の音楽が流れた[3]。デビュー・アルバムの『Al-Mu'allim』はミリオン・セラーとなり、これまでリリースされたアルバムは総計四五〇〇万枚を超える売り上げを記録している[4]。

二〇〇八年にデビューしたスウェーデン人のマーヒル・ゼイン（Maher Zain：一九八一年生まれ）は、サーミー・ユースフと並ぶワールド・イスラミック・ポップ界二大巨頭の一人である。サーミー・ユースフよりも大衆性の強い楽曲で人気を博している。アメリカ人のラーエフ（Raef：一九八二年生まれ）のように、Michel Jackson や Maroon 5、Chris Brown などの楽曲の「イスラミック・カバー」

を発信する斬新な試みを行なう歌い手もいる。

マーヒル・ゼイン、ラーエフらをプロデュースしているのは、ロンドンのアウェイクニング・レコード社（Awakening Records）である。二〇〇〇年に立ち上げられた同社は、二〇〇三年にサーミー・ユースフと契約を結んで以来、この分野を牽引する存在となった（なお、サーミーとは二〇〇九年に契約を終了している）。ワールド・イスラミック・ポップがサーミー・ユースフという才能ある一個人の活動で完結せず、一つの大きな潮流となったのは、同社の功績によるところも小さくない。

ハリス・Jの例

二〇一三年には、当時一六歳だったイギリス人、（Harris J：一九九七年生まれ）をデビューさせている。

イラン生まれのサーミー・ユースフやマーヒル・ゼインから見ると一世代若い。移民ではない。彼は、ロンドン生まれのサーミー・ユースフ、レバノン生まれのマーヒル・ゼインとは異なり、ハリスはヨーロッパ人としてのアイデンティティーを持ち、ヨーロッパの中で人生を送ることを当たり前の事実として捉える世代である。ハリス自身も、自分を「自覚的なムスリム（a proud Muslim）」であると同時に、「根っからの英国人（a true Brit）」とみなしているという。▼5

こうした彼のアイデンティティーはその楽曲にも多分に反映されている。たとえば、彼の曲にはオリエント的な音が圧倒的に少ない。アッラーに感謝をささげる歌詞や、ムハンマドに祝福を願う歌詞が、一般的な洋楽と寸分も変わらない調子で歌われる。オリエント的な音も多用するサーミー・ユースフやマーヒル・ゼインらとは雰囲気が異なっている。

歌詞やMVにも象徴的な表現が含まれている。たとえば「Good Life」という歌がある。自らが享受する幸福な生活をアッラーに感謝する主旨の歌だ。

この曲のMVは、ハリスが自撮り棒を持ちながら彼の生まれ育ったロンドンの街を歩き回る映像（だけ）で構成される。

曲中で繰り返されるサビの中に、「必要なものがすべて与えられているから」という言葉に、「僕が生きるこの場所に」と続く部分がある。MVの中のハリスは、「この場所に」と歌うときに自分が立っている場所を指で指し示す――一度目は、ゴールデン・ジュビリー橋の上、二度目はタワー・ブリッジの上、三度目はリージェンツ・パークの芝の上で。この仕草は、彼が歌う「アッラーに感謝すべき幸福な生活」が、他でもなく「ここロンドンの生活」であることを示唆している。

MVのクライマックス部分で、初めてイスラーム教に関わりのあるものが登場する。最後の歌詞「アッラー、この素晴らしい生活を下さったあなたに感謝します」と歌いながら、ハリスは或る建物を指さす。リージェンツ・パークから覗く、ロンドン・セントラル・モスクである。▼6 このモスクの画を背景に、ハリスがアッラーに感謝を述べる言葉が映し出されて、MVは終了する。この演出は、ハリスが送るロンドンでの充実した生活が、イスラーム教を奉じる信仰者としても満足のできる生活であることを示している。

ハリス・Jの音楽には、「ムスリムとしてのアイデンティティー」と「ヨーロッパ人としてのアイデンティティー」とを矛盾なく両立させた世代の感覚が表現されている。彼の曲調、歌詞、MVの演出は、ヨーロッパ発のワールド・イスラミック・ポップを象徴している。

誰がのっとっているのか

さて、イスラーム教宗教歌が西洋音楽に乗せて歌われるこの現象を、冒頭で触れたムスリムによるヨーロッパ「のっとり」の問題に絡めて考えてみたい。

前近代において、ムスリムのアイデンティティーは、イスラーム教諸国における特定の地域的紐帯と実存的に結び付いていた。▼7 しかし、現代西洋的な社会に生きる多くのムスリムは、イスラーム教諸国に暮らすことが、自覚的なムスリムであるために必要な条件であるとは考えていない。宗教的なアイデンティティーは、特定の地域・集団への帰属とは切り離されて理解されるようになった。▼8

洋楽的なワールド・イスラミック・ポップの流行という現象が、ヨーロッパ的な美的感覚によってムスリムの宗教性が喚起されるという事態を意味しているのだとすれば、私たちが現在目にしているのは、脱地域化されたムスリムの宗教的なアイデンティティーが、今度はヨーロッパという土地に接続され、ヨーロッパ的なイスラーム教のあり方が構築される過程であると考えることもできる。

元来、モスクや修道場などで、宗教指導者の指揮の下、イスラーム教的な様式の中で歌われることも多かった「満月昇れり（Tala'a al-Badr）」のようなもっとも古く伝統的な歌詞を持つ宗教歌でさえも、ワールド・イスラミック・ポップの歌い手たちによって、劇場で催されるラフなライブの中で、エレキ・ギターやドラム・セット、キーボードなどによる演奏と共に歌われている。▼9 ムスリムたちは、モスクや修道場に参堂するのではなく、劇場の客席で（あるいはユーチューブの画面上で）、エレキ・ギターの音に乗せて歌われる「満月昇れり」を聴き、ムハンマドへの祝福祈願の祈りに参与（コミット）する。

こうした宗教実践は、ヨーロッパにおけるムスリムが、「のっとり」の主体であると同時にその客体ともなっていることをあるいは示唆するかもしれない。ミシェル・ウエルベックの『服従』で描かれるように、仮にヨーロッパにおいてムスリムが支配的な地位を獲得したとして、そこに立ち現れるのが、イスラーム化されたヨーロッパであって、ヨーロッパ化されたイスラーム教ではないと、どうして言えるだろうか。ムスリムがヨーロッパをのっとりつつあるのだとしても、同時に彼らは、ヨーロッパにのっとられてもいるのである。

註

▼1 Aḥmad al-Rāwī. 1999. "Urubbā Waṭanu-nā wa al-Islām Dīnu-nā." *Al-Europiya*. July 1999. pp. 16-18.

▼2 "Muslims in the EU, Norway and Switzerland in 2050: high Migration scenario." Pew Research Center. 2017. URL=http://www.pewforum.org/2017/11/29/europes-growing-muslim-population/pf_11-29-17_muslims-update-23/（二〇二三年五月二〇日最終アクセス）。

▼3 中町信孝『「アラブの春」と音楽――若者たちの愛国とプロテスト』DU BOOKS、二〇一六年、一三二から一三三頁。筆者自身、サーミー・ユースフの存在を知ったのは二〇〇五年にシリア・アラブ共和国に留学しているときだった。特に注意して聴いていたわけではなかったが、街中で、サビを覚えるほど頻繁に彼の歌を耳にしたのを覚えている。

▼4 "About Sami Yusuf." Sami Yusuf Official. 2019. URL=https://samiyusufofficial.com/about-sami-yusuf/（二〇二

三年六月一五日最終アクセス）。

▼5 "Harris J." MuslimFest. 2019. URL=http://muslimfest.com/artists/harris-j-2/（二〇一九年一月一四日最終アクセス）。なお、二〇一九年にハリスは他社に移籍している。

▼6 ロンドン・セントラル・モスクは、イスラーム文化センター（Islamic Cultural Centre）として一九四四年に設立された、ロンドンでは比較的古い歴史を持つモスクである。URL=http://www.iccuk.org/page.php?section=about&page=welcome（二〇二三年五月二〇日最終アクセス）。

▼7 イスラーム法学の古典的な空間論において、地表は「イスラーム圏（dār al-islām）」と「戦争圏（dār al-ḥarb）」に大別される。ムスリムが統治し、イスラーム教の法規定が公的なエリアでも施行される（あるいは施行されるべき）空間が「イスラーム圏」であり、その外に、イスラーム法の統治が及ばず、異教徒が支配する「戦争圏」が広がる。理念上、ムスリムが生活拠点とすべき土地は「イスラーム圏」である。免責事由が存在しない限り、「戦争圏」にいるムスリムは「イスラーム圏」に「移住（hijrah）」することが義務であるという学説も存在した。

▼8 その過程には、「脱地域化」された、理念上の「イスラーム教共同体（ummah：ウンマ）」への帰属意識の高まりが介入している。Olivier Roy. 2004. *Globalized Islam: The Search for a New Ummah*. Columbia University Press; 八木久美子「脱地域化するムスリム・アイデンティティ——イギリスの「移民」ムスリムの例から」『総合文化研究』第一一巻、二〇〇八年、六一から七五頁。安達智史「「超」多様化社会における信仰と社会統合——イギリスにおける若者ムスリムの適応戦略とその資源」『ソシオロジ』第一七七巻、二〇一三年、三五から五一頁も参照。

▼9 たとえば「Tala’al Badru Alayna | Awakening Live at The London Apollo」https://www.youtube.com/watch?v=

XAACHbMy-WU&list=PLoagsPg26SY50q68FFtn0_WdhKseyg1zq（二〇二三年五月二〇日最終アクセス）を参照。「満月昇れり」の歌詞は、預言者ムハンマドが故郷マッカからヤスリブ（Yathrib：現在のマディーナ）に移住した際に、ヤスリブの民が彼を歓迎するために詠んだものだと言われる。なお、イスラーム法学では打楽器以外の楽器の禁止説も有力のため、「満月昇れり」を歌う際は打楽器のみの演奏が行なわれることも多い。

付録②

「信じること」とは何か——サッファール『大要』より

紹介　サッファール著『大要（*Talkhīṣ*）』から、「信じること、信仰（īmān）」とは何か、「信じること」は何によって成立するのかを議論した箇所を抜粋し、邦訳した。

本書は、マートゥリーディー派古典期の学説を簡易な文体によって説明した神学書である。

著者は、一二世紀ブハラ出身のハナフィー＝マートゥリーディー派の学者、アブー・イスハーク・アッ＝サッファール（Abū Isḥāq al-Ṣaffār al-Bukhārī：一一三九年没）である。ハナフィー派の学者の家系に生まれ、諸学に秀でた。方正な性格で、権力者を恐れずに批判したため、セルジューク朝のスルターン、アフマド・サンジャル（Aḥmad Sanjar b. Malik Shāh：一〇八六年生まれ、一一五七年没）によってメルヴに追放された。

イスラーム教において信仰が成立する条件は何かという問題は、本書の「7　「不信仰の地」の神学——イスラームの臨界点」および「9　とあるイスラーム無理解の様相——行為か信仰か」の内容に直接関係している。なお、小見出しは訳者（松山）による。

出典　Abū Isḥāq al-Ṣaffār al-Bukhārī. 2012. *Talkhīṣ al-Adillah li Qawā'id al-Tawḥīd*. ed. by 'Abd Allāh Muḥammad 'Abd Allāh Ismā'īl. al-Maktabah al-Azharīyah li al-Turāth. pp. 685–689.

「信じること」の原義

「信じること（īmān：信仰）」は、原義において、「ほんとうだと認めること（taṣdīq：是認）」を意味する。至高なるアッラーは、ヤコブ（平安あれ）の子の発言を伝えて言い給う。「あなたは、私たちを信じていないでしょう」（クルアーン第一二章第一七節）。これはつまり、「私たちを、ほんとうのことを言っているとは認めていないでしょう」という意味になる。〔直後に後続する〕アッラーの言葉、「たとえ私たちがほんとうのことを言っていたとしても」（第一二章第一七節）が根拠となる。

「それ／彼を信仰する（āmana bi-hi）」や「それ／彼を信奉する（āmana la-hu）」という言葉は、対象をほんとうだと認めるときに発される。また、「それ／彼を信認する（ammana-hu）」との言葉は、対象に信用の証しを与えるときに発される。[1] これらはみな、心が安泰となることと関係する。

宗教的文脈における「信じること」

一方、「信じること」によって人は「信仰者（mu'min）」となるわけだが、このときの「信じること」は、「心によってほんとうだと認めること（al-taṣdīq bi al-qalb）」および「舌によって告白すること」（al-iqrār bi al-lisān）を意味する。これがアブー・ハニーファ（アッラーが嘉し給うように）の見解である。また、アブー・ハニーファは、別の言いまわしで、「心によって知っていること（al-ma'rifah bi al-qalb）」および「舌によって告白すること」とも言っている。『アブー・ハニーファ讃の開示（al-Kashf fī Manāqib Abī Ḥanīfah）』の著者である尊師アブドゥッラー〔アル＝ハーリスィー〕は、この書の中で、アブー・ハニーファ（アッラーが嘉し給うように）にまで繋がる自らを含む伝承伝達経路によって、この二つの言いまわしに言及している。この「知っていること」という言葉によっては、「ほんとうだと認めること」が意図されている。なぜなら、『知る者と知を求める者（al-'Ālim wa al-Muta'allim）』の中でアブー・ハニーファ（アッラーが嘉し給うように）は、「信じること」とは、「心によってほんとうだと認めること」および「舌によって告白すること」であると言っているからである。「知っていること」と「ほんとうだと認めること」という言葉によって意図されることは、至高なるアッラーを、彼にふさわしい形で知り、その使徒を含む、正しく信じたと言えるために知らなければならないすべてのことを知り、それらを心によってほんとうのことだと信じ、それを舌の上に表すことである。

ムハンマド・イブン・アル＝ハサン〔アッ＝シャイバーニー〕▼2は、『大全集（al-Jāmi' al-Kabīr）』の婚姻の書の中で、二人の庇護民の間の女児が成長し、イスラームを理解せず、それを説明できない場合〔の法規定〕について言及する箇所において、〔彼女がイスラームを信じていると言える条件として〕二つのもの（「心によってほんとうだと認めること」および「舌によって告白すること」）を挙げている。そのため、「信じること」をめぐる私たちの学者たちの学説は、既述の通りであることが確定する。

また、『アブー・ハニーファ讃の開示』の著者である師アブドゥッラー〔アル＝ハーリスィー〕は、自らを含む伝承伝達経路によって、「信じること」は「心によってほんとうだと認めること」と「舌によって告白すること」であることについて、アブー・ハニーファとジャフム・イブン・サフワーン[3]との間で交わされた論議に言及しているが、ジャフム・イブン・サフワーンが〔「信じること」の意味を〕「ほんとうだと認めること」に限定したのに対して、アブー・ハニーファ〔アッラーが嘉し給うように〕が明確な証拠によって彼を言い負かしたことを伝えている。

また私は、私の祖父であるアブー・ナスル・アッ＝サッファール師の筆によって、これが――つまり、「信じること」は「心によってほんとうだと認めること」と「舌によって告白すること」であるということが――スンナ派の立場であり、サラフ（salaf：模範とすべき初期の世代）の法学者たちの立場である、と書かれているのを認めている。

一方、アシュアリー派は、〔「信じること」の意味を〕「ほんとうだと認めること」に限定し、それをアブー・ハニーファ（アッラーが嘉し給うように）の学説であると主張している[4]。彼らの証拠とするところによれば、アブー・ハニーファ（アッラーが嘉し給うように）は『知る者と知を求める者』の中で、強制された状況下において不信仰の言葉を舌で表しても、心でたしかに信じていれば、その人は信仰者であると述べたからである。

彼らには次のように答えられる。アブー・ハニーファ（アッラーが嘉し給うように）は、〔背教を強制された際の〕信仰隠しの状況についてそのように述べたに過ぎない。信仰隠しの状況を、〔信じる心が〕発生する状況に類推して当てはめることはできない。なぜなら、ある人のイスラーム入信は、その発生時点において「ほんとうだと認めること」と「舌によって告白すること」〔の二つ〕によって確定し、その後、舌〔による告白〕が欠落しても〔イスラームへの帰属は〕欠落しないからである。[5]アブー・ハニーファ（アッラーが嘉し給うように）が件の書やその他の書の中で、いかに「ほんとうだと認めること」、「知っていること」、「舌によって告白すること」を〔信じることの〕条件と定めているかを、あなたは認めないのか。

同様に、〔シャイバーニーの〕『大スィヤル（*al-Siyar al-Kabīr*）』の中には、彼女（未成年である幼妻）が成長し、夫が彼女にイスラームを説明し、彼女がそれを知っていれば、彼女はその夫から離縁されないが、彼女がイスラームを知らない場合、彼女はその夫から離縁されると書かれている。しかしこのことは、〔「信じること」が〕「知っていること」だけで十分に成立することを立証するものではない。なぜならこれは、彼女のそれ以前の状態が継続している〔と推認される〕状況について述べているに過ぎないからである。アッラーこそもっとも知り給う御方である。

また、以下のことを知りなさい。「告白すること」は、告白が可能な状況下でのみ〔「信じることの」条件となる。告白することが不可能な状況下では、「ほんとうだと認めること」あるいは「知っていること」と共に、それを示唆することが、それを発言することの代わりとなる。[6]アッラーこそもっとも知り給う御方である。

「心によってほんとうだと認めること」が「信じること」の条件の一つであること

心によって「ほんとうだと認めること」または「知っていること」が〔「信じること」の〕条件となることの証拠は、偉大なるアッラーがクルアーンの中で「信じること」に言及し給う際に、心にそれを帰属させ給うていることである。

たとえばアッラーは言い給う。「彼の心は、信じることに安泰である」（クルアーン第一六章第一〇六節）。またアッラーは言い給う。「それらの者たちは、彼らの心の中に信じることが書き定められた」（第五八章第二二節）。またアッラーは言い給う。「私たちは信じたと口で言いながら、その心は信じていない者たちの中に」（第五章第四一節）。

「舌によって告白すること」が「信じること」の条件の一つであること

心によって「ほんとうだと認めること」また「知っていること」のほかに、「告白すること」が条件となることの証拠は、偉大なる彼の言葉「言え、私たちはアッラーを信じたと……」（クルアーン第二章第一三六節）、また「使徒に下されたものを彼らが耳にするとき、あなたは、彼らが真理を知ったがために、彼らの目に涙があふれ、「私たちの主よ、私たちは信じました」と彼らが言うのを認める」から「アッラーは、彼らの言ったことにより、彼らに褒賞を与え給う」まで（第五章第八三節から第八五節）である。ここには、彼らが言ったことによって褒賞が与えられる、とある。また彼らは、心で知ったこと故に、それを言った、とある。すなわちこの節は、信じているとたしかに言えるためには、「知っていること」と共に、「言うこと」が条件となることを示している。

また、偉大なるアッラーの言葉「彼らは内心でそれを確信したが、それを否認した」（クルアーン第二七章第一四節）がその証拠を示している。ここでは、彼らは舌によって否認しているため、彼らが確信していても、信じているものとはみなされていないのである。

また、偉大なるアッラーの言葉「彼らは、自分たちの子供を知っているように、彼を知っている」（クルアーン第二章第一四六節）もその証拠を示している。〔本節の「彼」は〕預言者〔ムハンマド〕（祝福と平安あれ）を意味する。彼らが〔ムハンマドが預言者であることを〕「知っていること」は、彼らがムハンマド（祝福と平安あれ）の正体を是認していないがために、意味をなさないのである。これらの証拠により、「信じること」がたしかに成立するためには、「ほんとうだと認めること」と「告白すること」〔の両方〕が条件となることが確定した。

人々は、「信じること」について三種類に分かれること

人々は、信じることにおいて三種に分類される。

①アッラーの許と人々の許において信じる者〔と認められる者〕。彼は、心によってほんとうだと認め、舌によって告白する者である。

②アッラーの許において信じる者であり、人々の許において不信仰者である者。彼は、信仰隠しの状況にあり、舌で不信仰を表しているものの、その心はたしかに信じている者である。そのような者は、人々の許では不信仰者であるが、アッラーの許では信じる者である。

③三種目は、人々の許において信じる者〔と認められる者〕であるが、アッラーの許において不信仰者である者である。彼は、舌によって信じていると言いつつ、その心ではほんとうだと認めていない者である。

このようにアブー・ハニーファ（アッラーが嘉し給うように）は述べている。

行為は「信じること」に含まれないこと

また、知りなさい。「信じること」を除く諸々の善行は、義務となる行為も、任意の行為も、「信

じること」それ自体には含まれない。それ故、「信じること」は、善行を行なうことで増えることも、罪を犯すことで減ることもない。[7]

その証拠は次の通りである。偉大なるアッラーは、諸々の預言者と使徒たちに「宗教（dīn）の遵奉」を命じ給うている。たとえばアッラーは言い給う。「彼は、ノアに訓（おし）えた宗教をおまえたちにも定め給うた。そして、われらがおまえ（ムハンマド）に啓示したものと、われらがアブラハム、モーセ、イエスに訓えたものを。おまえたちはその宗教を遵奉し、それにおいて分裂してはならないと」（クルアーン第四二章第一三節）。「宗教の遵奉」によっては、「イスラームの遵奉」が意図されている。なぜならアッラーは言い給うからである。「われは、おまえたちのために宗教としてイスラームを是認した」（第五章第三節）、「イスラームとは別のものを宗教として求める者は受け入れられない。彼は来世において損失者の一人となる」（第三章第八五節）。

彼ら（諸々の預言者たち）の聖法は互いに異なっていた。そのため、宗教それ自体は、聖法とは別のものであることが確定する。[8]また、ムハンマド（祝福と平安あれ）の聖法によって、彼らの諸々の聖法に対して廃棄がなされた。さらに、アッラーの使徒（祝福と平安あれ）の存命中にもクルアーンの一部が廃棄されていたが、それに次いで、別の義務が順番に課されていた。しかし、「信じること」が廃棄されることはあり得ないことである〔したがって、廃棄されたかつての聖法や、クルアーンで廃棄された行為などは、「信じること」そのものには含まれない〕。

▼註

▼1 「信仰する」、「信奉する」、「信認する」のいずれの言葉も、「信じること（īmān）」と同じ語根から派生した動詞である。

▼2 シャイバーニーは学祖アブー・ハニーファの二大弟子の一人で、ハナフィー派のもっとも権威ある法学者の一人。

▼3 ジャフム・イブン・サフワーンはジャフム派の祖で、ハナフィー派を含む諸派と対立した人物。

▼4 なお、「信じること」の構成要素を「ほんとうだと認めること」に限定する説は、マートゥリーディー派においても一群の学者によって支持される。

▼5 「舌による告白が欠落する」というのはつまり、舌によって間断なく告白し続けることはできないので、当然、イスラーム教に入信する時点で告白を行なっても、その後、告白していない状態が発生することを意味する。

▼6 たとえば、発話障害の状態にある者は、文字や手話などの別の方法で信じていることを表明することができる。

▼7 アシュアリー派においても、行為は「信じること」の中には含まれない。ただし、アシュアリー派においては、「信じること」が増減する説が支持される。

▼8 使徒、あるいは共同体によって遵守すべき聖法（シャリーア）は異なる。たとえば、ムハンマドの聖法は、イエスの聖法やモーセの聖法と内容が異なる。しかし、宗教は諸々の預言者・使徒の間で違わず、ただ一つである。

Ⅲ 宗教

9 とあるイスラーム無理解の様相——行為か信仰か

日本では、イスラーム教がどのような宗教なのかを問う際に、その行為規範の体系、いわゆるイスラーム法（シャリーア）の存在に着目することが多い。

イスラーム教の学問的な解釈を司る人たちを「ウラマー」と呼ぶが、この言葉は、日本では一般に「イスラーム法学者」と翻訳されている。しかし、「ウラマー」という言葉の意味は「知識を持つ者たち」である。イスラーム教に直接的に関わるさまざまな学問分野の知識を持つ人たちのことを言い、「法学者」のニュアンスは含まれていない。

イスラーム法学はあくまで、ウラマーが学ぶ複数の学問分野の一つに過ぎない。信者の間でも、ウラマーがイスラーム法学に特化した知識を持つ人たちとは考えられていない。「ウラマー」が「イスラーム法学者」と訳されていることは、日本において「イスラーム教＝イスラーム法」とのイメージが強いことを示唆する。

地域研究者や宗教学者の間でも、イスラーム教＝イスラーム法との認識は強い。

アラブ政治情勢が専門の渥美堅持（東京国際大学名誉教授、一九三八年生まれ）は、その著作『イスラーム基礎講座』の中で、「イスラーム教は律法なり」、「イスラーム教は、アッラーの律法により成り立っている世界です」、「イスラーム教は「アッラー」の律法を主柱とする全体的な法治体制の世界であり〔……〕」と繰り返し[1]、イスラーム教の本質がその行為規範（渥美の言葉では「律法」）にあることを強調している。

日本を代表する宗教学者の島薗進（東京大学名誉教授、一九四八年生まれ）は、「ところでそのイスラームの教えとは、そもそもどういったものなのですか？　キリスト教や仏教と異なる面とは……」と問われ[2]、次のように答えている。

政治と宗教が分離していないということは、この世の法秩序が神的なものでなければならない。社会はクルアーンと預言者ムハンマドの言行に基づくからなるシャリーア（ムハンマドの法秩序、神聖なイスラーム法）に従って動かなくてはいけません。[3]

質問者は島薗に「イスラーム教の教えはそもそもどういったものなのですか」と問うているのだが、島薗はこれに対して、社会がシャリーアに従って動かなくてはならない宗教だ、と答えている。この質問は、政教分離と宗教の関係についての議論の後に出てきたものであるが、そのことを考慮しても、イスラーム教の信条の内容に一切言及しない回答には少なからぬ驚きを覚える。島薗の言葉からは、イスラーム教の本質的な関心事が、イスラーム法の法秩序を現実社会に打ち立てることにある、という認識が垣間見える。

同じく著名な宗教学者である中村圭志（一九五八年生まれ）は、キリスト教を「救世主の宗教」、仏教を「悟りの宗教」と説明する一方で、イスラーム教を「戒律の宗教」と呼び、イスラーム教の本義をその「戒律」に求めている。[4] また、イスラーム教の多数派であるスンナ派について説明する際には、「スンナ派には、保守的なものから自由裁量の大きなものまで、四つの法学派があります」として、法学派の構成に言及する。[5] その一方で、スンナ派の神学的な立場についてはまったく言及しない。もちろん、スンナ派の内実を見るときに法学派が重要でないことはないが、ムスリムがスンナ派の内実を説明する際には、神学的な立場に言及することが多い。

「イスラーム教は内面を問わない宗教」との認識

イスラーム教が、外面に見てとれる行為や法の順守を教えの中心に置く宗教であるとの認識は、言い方を変えれば、イスラーム教が、内面の問題を重視しない宗教である、との認識を意味するだろう。

この認識を特定の方向に「純化」していくと、最終的には、「イスラーム教は内面の信仰をまったく問わない宗教である」という理解に至る。

豊富なアウトリーチ活動によって日本の宗教研究を牽引する島田裕巳（元日本女子大学教授、一九五三年生まれ）によれば、イスラーム教は内面の信仰をまったく問題にせず、信者は、外に現れる行為に関わる規範に、形だけ従っていればよい宗教とされる。

重要なことは、イスラム教においては、信仰心といったこころの領域が問題にならないということである。仏教なら、こころに生じる煩悩(ぼんのう)が問題にされるし、キリスト教なら、罪の意識が問われる。ところが、イスラム教では、そうした個々の信者の内面のあり方が問われることがないのである。

したがって、形だけ従っていればいいということにもなる。[6]

また島田は次のようにも書く。

イスラム教でも、亡くなった時点で地獄に落とされるかどうかがもっとも重要な事柄になっており、その点ではキリスト教と変わらない。ただ、イスラム教では行為だけが重要で、罪の自覚などという内面的なことは問われない。その点では、キリスト教の信仰とイスラム教の信仰とは大きく異なる。[7]

どちらの引用箇所も前後の文意が不明瞭なため島田の真意は不明であるが、イスラーム教では外面的な行為における宗教実践だけが求められ、仏教で言うところの煩悩や、キリスト教で言うところの罪の意識に類するものがまったく問題にされない、と言っているように読める。

こうした認識は島田だけのものではない。社会学者の大澤真幸（元京都大学教授、一九五八年生まれ）も同様に、イスラーム教が外面的な行為だけを問題とする宗教であると述べる。

その人がイスラーム教を信仰しているかどうかは、外部から観察する者にも容易に判別することができる。信仰の内実をなしている条件の大半が、行動の外形、客観的に同定可能な行動の外形に関わっているからだ。たとえば、イスラーム教徒であれば、一日に五回、定められた時間帯に一定の作法に従って礼拝しなくてはならない。礼拝はしなかったが、心の中で神を想っていたのだから、イスラーム教を信じていることになる、という言い訳は、絶対に成り立たない。ラマダンの断食は行わないが、内面の信仰だけは保っていた、などという言い方は、イスラーム教にとっては矛盾した主張である。

これに対して、キリスト教は、信仰の中心は、客観的な行動ではなく、主観的な内面の状態にある、と考える傾向がある。[8]

大澤は、「イスラーム教の信仰は外形によって成立する」という自身の前提からさらに論を拡張し、イスラーム教においては、信仰実践を他者に「転移・委託」することができる、つまり、自分が宗教的実践に従事せずとも、他者――具体的には奴隷軍人や奴隷官僚――に「完全な信仰の実践」を担わせておくことができる、という文明論を展開していく。[9] 彼のイスラーム文明論の妥当性についてはここでは踏み込まないが、大澤も島田と同じように、イスラーム教が、内面的な信仰のあり方に一切注意を向けず、外面の行為だけに形式的に従うことを信仰の本義とする宗教と考えているようである。

イスラーム教でも内面は重視される

しかしながら、こうした理解とはまったく反対に、イスラーム教の実際においては、内面における信仰は、法・行為規範に従うことと同等どころか、それ以上に重視されるものである。

まず、理論的なことを言えば、イスラーム教の教義上、ムスリムが外面的な罪を犯したとしても、心で信仰を抱いているのであれば、それによって彼／彼女の信仰が否定され、不信仰者とみなされることはない。[10] 先の引用中で大澤は、「ラマダンの断食は行わないが、内面の信仰だけは保っていた、などという言い方は、イスラーム教にとっては矛盾した主張である」と書いているが、実際には、これはまったく矛盾した主張ではない。ラマダーン月の義務の断食を行なわなかったとしても、それによってその人の信仰が否定されないということは、たとえばイスラーム教多数派のスンナ派においては、すべての学者間の合意事項である。反対に、心の中に神への信仰を持たない者が、イスラーム法の規範をあらゆる領域で（形式的に）順守したとしても、いかなる意味も認められない。

イスラーム教神学の議論の中に、「信仰は何によって存立するのか」という問題──「信仰の構成要素（arkān al-īmān）」の問題──がある。この議論には、「身体による行為は信仰の構成要素か否か」という論点が含まれるが、神学者の多数派は、行為が信仰の構成要素であることを否定している。行為を信仰の構成要素の一つに数える少数派の立場においても、信仰の基盤となるのはあくまで「心における是認（taṣdīq bi al-qalb）」（心の中で、信仰対象が真実であると認めること）とされる。

学問制度の面でも、信仰に関わる問題を扱う神学は、行為に関わる問題を扱う法学に優越する。[11] 専門的な議論の中で、神学を「大きいフィクフ（al-fiqh al-akbar）」、法学を「小さいフィクフ（al-fiqh al-asghar）」と呼ぶ伝統がある。「フィクフ」とは「理解」の意であり、「学問（分野）」のニュアンスも有している。つまり、神学＝「大きい学問」、法学＝「小さい学問」ということである。このような名称が用いられるのは、神学の宗教的な重要性が法学よりも高いためだ。たしかに、一般的な法学書を見ると神学書の一〇倍以上のボリュームがあるため、ムスリムが法学の議論に費やす学的努力はより大きいようにも見える。しかし、法学の議論が多岐にわたるのは、法学が対象とする領域が広く、人々が日常において法学的な問題に直面する頻度が高いからに過ぎず、それがより重要であることを意味するわけではない。

また、イスラーム教においても、自身の内面の罪を自覚することは重要視される。いかに人間が自身の魂を監督すべきか、いかに内面の欠陥や罪と向き合うべきかは、時代を通じて延々と論じられ続けてきた。こうした教説は、今日においても、宗派や神学的な立場を問わず、イスラーム教諸国全域で学ばれ、教授されている。

現実問題としても、信者たちの間では、内面の信仰を保持することは、行為規範を順守することよりも肝要であると考えられている。イスラーム教諸国に行けば、義務とされる礼拝を怠る人や、禁止されている飲酒を習慣とする人も少なくない。そのような人たちも、礼拝を順守する人や、飲酒を避ける人と共に暮らし、ムスリムとして受け入れられている。同じ家庭の中にも、義務とされる何らかの規範を順守する人もいれば、それを順守しない人もいる。それはありふれた光景である。他方で、一般的なイスラーム教社会では、ムスリムと思われていた人が、信仰への懐疑、あるいは信仰を否定する意見を公に表明すれば、極めて深刻な問題として受け止められ、周囲の人間からは困惑や説得のリアクションが引き起こされるだろう。

現代日本の宗教的土壌とイスラーム教理解

日本では、イスラーム教において内面の問題が極めて重視されていることを無視し、外面の行為に関わる規範をこの宗教の本質と考える傾向が見てとれる。この傾向は、「イスラーム教は内面の信仰をまったく問題としない」、「形だけ従っていればいい宗教」という理解さえ生んでいる。

なお、他宗教の人間にこうした理解をもたらすような特徴がイスラーム教に本来的に具わっていると考えることは、おそらく難しい。「イスラーム教は内面の信仰をまったく問題としない」との誤解をもたらす記述が、クルアーンその他のテクストに認められるわけでも、信者の宗教実践の中に見出されるわけでもない。仮に、「イスラーム教は内面の信仰をまったく問題としない」という理解の根拠をイスラーム教に内在する言説や外面に現れる宗教実践に求めようとすれば、強引で、アクロバティックな飛躍を介入させなければならないだろう。

もちろん、イスラーム教に対する日本宗教学からの独自の分析はあってしかるべきである。しかし、右に示したような理解は、独自の分析の結果ではなく、単純な思い込みの類でしかないように思われる。このような事態は、イスラーム教以外の宗教をめぐる言説の中にはなかなか見出せないのではないだろうか。

一体、こうしたイスラーム教理解はどこから生じてくるのだろうか。

当然その背景は複合的なものであろうが、日本の宗教的土壌が影響していると考えることは、ある程度の妥当性を持つように思える。

たとえば、現代日本においては、宗教的な信仰心（内面）と、宗教の定める行為規範（外形）がトレードオフの関係にあると考えられがちである、という仮説を立てることができるかもしれない。

つまり、内面についての豊富な教説を持つ宗教は、外面をあまり問題にしないはずであり、反対に、外面的規範を論じる豊富な教説を持つ宗教は、内面についてあまり議論しないはずだと、無意識に了解してしまう傾向があるとは言えないだろうか。仮にそうだとすれば、イスラーム法という、一見して目につきやすい宗教的規範を認知した後には、イスラーム教に内在する精神的・神学的な議論の存在を無視してしまうかもしれない。

こうした認識の傾向には、形式的な祭祀を通して現世的な安泰を求める神道的な伝統と、「信者」の大多数が意識的信仰を持たない「葬式仏教」が併存する、現代日本独自の信仰の体制が絡んでいるかもしれない。どちらも、行為や手続きが重視され、個々人の内面の信仰が問われることはない。「イスラーム教においては、信仰心といったこころの領域が問題にならない」と述べる島田には、イスラーム教と神道との構造的な類似性を指摘する癖がある。[12] また、ムスリムは信仰を他者に委託することができると仮定した大澤は、外形のみによって信仰する（と自身が考える）ムスリムを、経に何が書いてあるのかもわからない現代日本の仏教徒に譬えている。[13]

イスラーム教理解のあり方に日本の宗教的土壌が関係しているとすれば、イスラーム教の実際の教義・実践と、日本におけるイスラーム教表象の間に、どれほどの、そしてどのような性質の乖離があるのか、また、その乖離を生みだす思考の習性はどこから来るものなのかという問題を考えることは、イスラーム教理解の問題を超えて、現代日本の宗教観を知るための一つの糸口となり得るだろう。

註

▼1 渥美堅持『イスラーム基礎講座』東京堂出版、二〇一五年、一九〇頁、一九二頁。本書は比較的広い層に読まれている著作であり、帯文には、佐藤優（同志社大学客員教授、一九六〇年生まれ）による「イスラームについて知るにはこの本を超えるものはない」との推薦の言が付されている。

▼2 島薗進『宗教ってなんだろう?』平凡社、二〇一七年、一三九頁。

▼3 同一三九頁。

▼4 中村圭志『教養として学んでおきたい5大宗教』マイナビ新書、二〇二〇年、九七頁。

▼5 同一一五頁。

▼6 島田裕巳『日本人の信仰』扶桑社新書、二〇一七年、四三頁。

▼7 同一六六から一六七頁。

▼8 大澤真幸『〈世界史〉の哲学　イスラーム篇』講談社、二〇一五年、二二七から二二八頁。

▼9 同二二九頁以降。

▼10 ハワーリジュ派などの分派では行為を信仰の存立と直接結び付ける場合もあるが、あくまで例外的な考え方である。

▼11 なおここでは、正統性についてムスリムの間に見解の相違のある「思弁神学」（カラームの学）ではなく、信条についての学問的営為一般を「神学」と呼ぶ。

▼12 島田裕巳『なぞのイスラム教』宝島社新書、二〇一六年。

▼13 大澤真幸『〈世界史〉の哲学　イスラーム篇』二二九から二三〇頁。

10 日本の教科書はイスラームをどう記述しているか

日本の小学校・中学校・高等学校の一部教科の教科書では、イスラーム教を含む諸宗教の説明に一定の文量が割かれている。現代の多くの日本人にとって、イスラーム教について初めて学ぶ媒体はこれらの教科書である。だとすれば、児童・生徒のイスラーム教認識——少なくともその基礎的な部分——は、教科書に描かれるイスラーム教のイメージに、大きく左右されることになる。

日本で使用されている教科書の中で、イスラーム教はどのように描かれているだろうか。そこには、どのような記述上の傾向が見出せるだろうか。

教科書におけるイスラーム教記述の問題については、特に世界史において、「イスラーム世界」をどのように提示すべきかを検討する議論が蓄積されている。[1] 対して本エッセイでは、世界史における「イスラーム世界」の表象に特化するのではなく、教科毎の特性とは関わりのない、教科を跨いで確認できるイスラーム教記述の問題点を二、三指摘したい。

バランスの悪い比較

荒井正剛（東京学芸大学特任教授）は、教科書の中でイスラーム教が他宗教と比較される際に、イスラーム教についてのみ、異質なイメージを喚起するような側面に焦点があてられる傾向があることを適切に指摘している。[2]

一例を挙げれば、東京書籍の『新しい社会　地理』（中学校、二〇二〇年検定）では、キリスト教についての記述が「キリスト教徒は、神と他の人への愛を大切にします」[3]という一文から始まるのに対し、イスラーム教についての記述は「イスラム教徒は、1日5回、聖地のメッカに向っていのることになっています」[4]という一文から始まる。神や隣人への愛を大切にする教えはイスラーム教にも内包されるものだが、そのような、現代の日本でも肯定的に捉えられる倫理・価値観はキリスト教（あるいは仏教）の特徴とされる。対して、イスラーム教については、一日五回の礼拝についての唐突な記述から始まり、特定の宗教行為を強調する形で紹介がなされている。

荒井はまた、「細かいきまり」、「厳しい規範」、「厳しく規定されている」、「きびしい戒律」などの文言と共に、一部のイスラーム教圏で見られる、男女のスペースを分ける習慣や、黒づくめの女性などを紹介する教科書が散見されることにも注意を促している。こうした記述は、小学校の教科書から高等学校の教科書にまで一貫して確認される。荒井は、「児童の偏見を助長しかねない」、「イスラームのイメージは改まりにくい」と述べ、イスラーム教の特定の側面のみを強調する方法を問題視している。[5]

現実問題として、教科書の中で宗教の解説にあてがわれる紙幅は限られている。また、宗教に明るくない研究者が執筆を担当せざるを得ないこともあるだろう。そのため、ある程度図式化された解説になってしまうことはやむを得ない部分もある。しかし、比較の際に、当該教科における宗教の位置づけを意識し、それぞれの宗教のどの部分になぜ着目するのかを意識することは、さほど難しいことではないはずである。

経典主義的な記述

複数の教科書には、宗教の教えを「教祖」や経典（のみ）によって説明しようとする傾向が確認される。特にイスラーム教については、「クルアーン（コーラン）に具体的な教えがすべて網羅されている」との印象を持たせる記述が、多くの教科書に見られる。[6]
以下はその若干の事例である。

> ムハンマドの予言（ママ）を記したクルアーン（コーラン）には、〔……〕宗教的対象と行為（六信五行）が具体的に示されている。[7]

> 『コーラン』は、礼拝の回数や断食のことなど日常生活の決まりもしめしています。[8]

> 『クルアーン（コーラン）』には、〔……〕政治や経済から人間生活にかかわるあらゆることが示されており〔……〕。[9]

内面的な信仰上の問題から世俗の政治・法律・経済・社会の問題にいたるまで、『クルアーン』が信者の全生活を律する。[10]

『コーラン』は、〔……〕政治や経済・文化など人間生活のあらゆる面の決まりが定められたものである。[11]

これらの説明からは、クルアーンの中に、信条に関わる問題や、崇拝行為の方法のみならず、日常生活から社会の問題に至るまで、ムスリムの人生に関わるありとあらゆることが事細かに書き定められているような印象を受ける。

しかし、これは事実と反している。そもそも、クルアーンは（現在一般に流通している体裁では）六〇〇ページほどの文量しかない。どのようにして、わずか六〇〇ページの中に、神や天使、死後の世界などに関わる教義の詳細や、礼拝や喜捨、断食、巡礼といった崇拝行為の方法、さらには、人間生活に関わるあらゆる領域の決まりを具体的に記すことができるだろうか。想像力をわずかにでも働かせればわかることだが、それは不可能である。

実際には、クルアーンの中には、イスラーム教における重要な問題が、包括的な形で示されているだけであることが多い。たとえば、ムスリムには一日に五つ（五回）の礼拝を行なうことが義務付けられており、各々の礼拝には、それを挙行すべき時刻が定められている。しかし、クルアーンの中には、礼拝が「時刻の定められた義務」であることは明示されているものの、義務の礼拝が一日に五つあるということは、「五つ」、「五回」などの文言で明示的に示されているわけではない。さらに言えば、クルアーンの中には、礼拝を行なうための具体的な方法さえ書かれていないのである。その他、日常生活におけるさまざまな規定・礼節も、そのほとんどは、クルアーンの中に直接的な文言があるわけではなく、ムハンマドのスンナ（慣行）が根拠となっている。

また、今日のイスラーム教のあり方は、他のあらゆる宗教と同じように、長い歴史の中で議論を積み重ね、発展・変化してきたものだ。上述のような経典主義的な説明は、イスラーム教のダイナミズムや、解釈・実践の多様性を覆い隠してしまう。

現世主義的な記述

宗教について一定の記述のあるほとんどの教科書は、現世の生活にどのような価値をもたらすのかという点（のみ）に焦点を絞って、あるいは、死後の救済に関わる内容には極力踏み込まずに、諸宗教の教えを紹介しようとしている。一例を見てみよう。

釈迦は、すべてのものは変わって行くととらえ、そして人の苦しみは人の心の欲望のために起こると考えて、欲望を滅すれば、心は静かになり幸せに生きることができると説いた。キリストは、この世界は人間もふくめてすべて神が創造したもので、人は神の愛を受け止めたときにのみ幸せに生きることができると説いた。ムハンマドもこの世界はすべて神が創造したものであるとして、人は日常の生活も神の教えの通りに生きて行かなければならないと説いた。▼12

この教科書は、釈迦とイエスはどうすれば（現世で）幸せに生きることができるかを人々に教え、ムハンマドは（幸せに生きることではなく？）日常生活も神の教えの通りに生きなければならないことを教えた、と説明している。この対比の仕方にも問題が含まれようが、ここでは、三宗教の教えを説明する中で、死後・彼岸における救済の話題が一切触れられないことに着目してほしい。

別の例を挙げよう。

> 紀元前6世紀ごろにインドで生まれたシャカは、この世が苦しみにみちたものであることを認めたうえで、修行によって心のまよいを取り去れば、身分にかかわらずだれでも苦しみから救われることができると説く仏教を開きました。〔……〕
>
> 紀元後1世紀の初めに、イエスは、ユダヤ人だけが救われるのではなく、神の前では人は平等であり、だれもが神の愛によって救われると説きました（キリスト教）。この教えは、イエスを救世主（キリスト）と信じる人々によって、ローマ帝国の各地に広められました。〔……〕
>
> アラビア半島のメッカに生まれたムハンマドは、紀元後7世紀の初めに、唯一神であるアッラーから特別な教えを授かって、イスラム教をおこしました。クルアーン（コーラン）にまとめられたこの教えは、主にアラブ人のあいだで、日々のくらしにおける倫理や道徳を示すものとして受け入れられました。[▼13]

仏教とキリスト教について「苦しみから救われる」、「神の愛によって救われる」などの表現が用いられているが、その「救い」が何を意味するのかは一切説明されない。イスラーム教に至っては、

「救い」という言葉は用いず、ムハンマドの教えが「日々のくらしにおける倫理や道徳を示すもの」として受容された、と解説している。さらに別の例を見てみよう。

インドでは、紀元前6世紀ごろ、シャカ（ガウタマ＝シッダールタ）が、バラモンを頂点とする身分制度を批判して、仏教を開きました。シャカは、人は身分によらず平等であり、修行をしてさとりを開けば、この世の苦しみから救われると説きました。〔……〕
紀元前後、ローマ帝国に支配されていたパレスチナに生まれたイエスは、形式を重んじるユダヤ教の指導者を批判し、神の前で人は平等であり、すべての人に神の愛はおよぶと説きました。イエスの死後、弟子たちは、イエスを神の子としてキリスト教をおこし、『新約聖書』をつくり布教を行いました。〔……〕
アラビア半島の都市メッカでは、7世紀初めに、ムハンマドが、唯一の神アッラーのお告げを受けたとして、イスラム教をおこしました。ムハンマドは、一神教であるユダヤ教・キリスト教の影響を受け、絶対的な神への服従や、信者の相互の助け合いの大切さなどを説きました。ムハンマドが神から預かった言葉は、聖典の『コーラン』にまとめられました。やがてムハンマドと弟子たちは、イスラム教を広めながら各地を征服し、アラビア半島を統一しました。▼14

〔……〕シャカが生まれによる差別を批判し、苦悩を乗り越える道を説きました（仏教）。仏教は、人は皆平等で、悟りを開いて仏（ブッダ）となれば、誰でも苦しみから救われると説いていきます。〔……〕

〔……〕イエスが現れ、形式にこだわるユダヤ教の指導者を批判し、神の前では皆平等であり、神を信じる者は誰でも救われると説きました。〔……〕

〔……〕メッカに現れたムハンマドは、ただ一つの神を信じるユダヤ教・キリスト教の影響を受けて、唯一神（アッラー）の教えを伝え、神の前では人々は平等であると説きました（イスラム教）。[15]

これらの教科書も、死後の救済には触れず、一貫して現世的な枠組みの中で三宗教の教えを捉えようとしている。[16]

こうした現世主義的な宗教理解は、宗教の理解を促進しないのみならず、純朴な反宗教主義、あるいは、宗教不要論の考えを、児童・生徒に抱かせるきっかけになるかもしれない。仮に宗教が、現世で幸せに生きる方法や、「平等」などの価値を教える目的で唱えられたものだとすれば、それらを獲得した時点で宗教は不要ということになる。児童・生徒に、「なぜまだ宗教など信じているのか」という感情を抱かせ、宗教を信仰する者を奇異な目で見るように促すことにも繋がり得る。仏教もキリスト教もイスラーム教も、死後・彼岸における救済を目指す宗教であり、何らかの現世的な「目的」や「効能」のために信仰されているのではない。

もちろん、宗教が信者の実生活に与える影響は、宗教学的課題として論じられてしかるべきである。ある宗教の教えに「平等」のような近代的な価値に繋がる考え方が見られるのであれば、そのような要素を抽出することもできよう。

しかし、紙幅の少ない教科書の中で、その宗教の世界観や救済の構造に一切触れないとすれば、児童・生徒は、その宗教が何を信じているのか、信者がなぜ信仰しているのかについて、まったく理解できないままに留まってしまうだろう。

冒頭でも述べたように、初等・中等教育の教科書は、児童・生徒の宗教に対する基礎的な認識を形成する重要な媒体の一つと言える。あいまいな表現で煙に巻くよりも、その宗教の基本的な世界観と、特に、救済宗教である仏教・キリスト教・イスラーム教については、その宗教における救済の意味を、直接的な表現で提示するのが好ましいのではないだろうか。[17]

註

▼1 たとえば、鳥山孟郎『授業が変わる世界史教育法』青木書店、二〇〇八年、一八〇から一九二頁、三浦徹「Perceptions of Islam and Muslims in Japanese High Schools: Questionnaire Survey and Textbooks」『日本中東学会年報』第二一巻第二号、二〇〇五年、一七三から一九一頁、三浦徹「研究フォーラム　高校生・大学生の中東・イスラーム理解と世界史教育」『歴史と地理――世界史の研究』第六一四号、二〇〇八年、六〇から六五頁など。

▼2 荒井正剛「社会科の授業における課題――生徒・学生のイスラーム認識・イメージ調査と教科書記述から」荒井正剛・小林春夫編著『イスラーム／ムスリムをどう教えるか』明石書店、二〇二〇年、一七頁、二一頁。

▼3 東京書籍『新しい社会　地理』二〇二〇年検定、五〇頁。

▼4 同五一頁。

▼5 荒井正剛「社会科の授業における課題」一七頁、一九頁。

▼6 例外は、高等学校の世界史、および世界史探求の教科書である。これらの科目の教科書では、イスラーム教の教えにおけるスンナ（慣行）の重要性や、歴史的発展が説明される。

▼7 教育図書『公共』二〇二一年検定、一七頁。傍点引用者。

▼8 学び舎『ともに学ぶ人間の歴史』二〇二〇年検定、四六頁。傍点引用者。

▼9 東京法令出版『公共』二〇二一年検定、二一頁。傍点引用者。

▼10 数研出版『倫理』二〇二二年検定、五一頁。傍点引用者。

▼11 山川出版社『中学歴史　日本と世界』二〇二〇年検定、二五頁。傍点引用者。

▼12 自由社『新しい公民教科書』二〇二〇年検定、二一頁。

▼13 日本文教出版『中学社会　歴史的分野』二〇二〇年検定、二六から二七頁。

▼14 教育出版『中学社会　歴史――未来をひらく』二〇二〇年検定、二八から二九頁。

▼15 帝国書院『社会科　中学生の歴史――日本の歩みと世界の動き』二〇二〇年検定、二二から二三頁。

▼16 ところで、いくつかの教科書は、仏教・キリスト教・イスラーム教の教えを「平等」という近代的概念を用いて説明している。なるほどたしかに、三宗教の世界観においては、「だれもが救済の対象となり得る」という点において人々は「平等」であろう。しかし、ゴータマもイエスもムハンマドも、「人間は平等である」ということを説くために布教を行なったわけではない。「平等」は、三宗教の救済構造の基底にある、諸々の前提の一つでしかない。

▼17 筆者の確認した限り、今日使用されている小・中・高の検定教科書の中で、仏教、キリスト教、イスラ

ーム教の三宗教すべてについて、死後の救済の考え方を十分に説明していると言える教科書は、『世界史探求　新世界史』（山川出版社、二〇二二年検定）と『詳述倫理』（実教出版、二〇二二年検定）の二冊だけである。

11　ノックの作法と秘する文化——信仰とふるまい

学生時代、シリア・アラブ共和国の首都ダマスカスに渡航した際に、ダマスカスの人々が日常で見せるある仕草に魅了されたことがある。その仕草とは、人の家を訪問する際に彼らが行なうノックだ。

ここで「ノック」と言っているのは、住宅などを訪問する人が、訪問先の建物の中にいる人に合図を送る目的で、扉を指の関節などでたたき、打音を発する、あの行為のことだ。ここでは、インターホンのブザーを押すことも「ノック」という言葉に含めている。

ダマスカスでは、多くの人が、他人の家を訪問するときに以下のような方法でノックを行なう。

①ノックをする。

②右か左を向き、数歩歩く。つまり、数歩分、扉から遠ざかる。離れる距離は、建物や道路の構造にもよるが、一〇メートルほど離れる人もいる。
③扉にちょうど背を向けて、多くの場合、目を伏せて待つ。
④家主が出てきて、「どうぞ」、「お入りください」と言われて初めて、向き直り、挨拶をする。

狭いアパートの扉の前に十分なスペースがない場合は、何歩か階段を昇るか降りるかして距離をとったり、そうでなくても、せめて扉に背を向けて待つ人が多い。日本のように、ノックをした後に、扉の前で真正面を向いたまま待つ人はまれだ。

なぜこのような作法が定着しているのだろうか。

その理由は単純で、扉が開いた瞬間に、ついうっかり家の中をのぞいて、他人が見るべきではないものを見てしまうのを避けるためである。つまり、家人のプライバシーを侵害しないための流儀なのだ。

こうしたプライバシーへの配慮は、建物に入るときの所作だけでなく、建物自体の構造にも反映されている。アラブ諸国の伝統的な住宅の入り口は、向かい側の住宅の入り口と対面の位置にこないよう配慮して設計されているという。また、隣り合う複数の住宅は、プライバシーの保護を目的に、等しい高さで建てられている。[▼1]

複数の研究の示すところによれば、ムスリムが住宅を建築する際には、イスラーム教の宗教的教説から直接的に導き出された、「プライバシー」、「慎ましさ」、「ホスピタリティー」などの価値が考慮されることが多い。[▼2] これらの価値は、中東の伝統的住宅の構造に確認されるだけでなく、現代のムスリムが、非イスラーム教地域で住宅を建築する際にも反映されることがあるようだ。[3]

イスラーム教におけるプライバシーへの配慮

イスラーム教の聖典クルアーンの中には、他者のプライバシーへの配慮を教える文言を容易に見出すことができる。

たとえば次のような節がある。

信仰する者たちよ、自宅以外の家には、許可を求め、その家族に挨拶するまでは入ってはならない。それがおまえたちには一層良い。きっとおまえたちは留意するであろう。それでそこに誰も見出さなかった場合には、許可されるまで入ってはならない。そして戻るようにと言われたならば戻れ。（第二四章第二七節から第二八節）

この節では、他人の家に許可なく入ってはならないこと、そして、許可を得て家に入ったとしても、家主に帰るように言われたら帰るべきであることが明示されている。なお、ムハンマドが「もし三回許可を求めて許可を得られなかったならば、去りなさい」と述べたことを根拠に、他人の家に入る許可を求めるのは三回までに留めることが、ムスリムに推奨される礼節として今日でもよく言及される。

許可なく他人の家に入ることだけではなく、個人のプライベートな空間を盗み見たり、その中から聞こえてくる声を盗み聞くことについても、ムハンマドが激しい言葉で禁じているほか、クルアーンにも「また詮索（密偵）してはならない」（第四九章第一二節）との包括的な命令が示されている。じつは、先に言及したノックの作法も、ムハンマドのスンナ（慣行）にその直接の根拠がないとも言いきれない。ムハンマドは、人の家を訪ねる際に、入り口に正面から向き合わず、右か左の角から声を上げて許可を求めていた、との伝承がある。[4]

プライバシーは、家族の構成員と非構成員の間で問題になるだけではない。クルアーンの第二四章第五八節から第五九節では、同じ家で生活する非近親者に求められる行動上の配慮も、極めて具体的に指示されている。

プライバシーへの配慮はまた、物理的な秘密をもっとも多く共有するであろう、夫婦の間でも強調される。たとえば、イスラーム教の礼節においては、男が比較的長期間家を空けた後に、夜間、妻への事前の通達なしに、突如として自宅に帰ることは忌避されることとされる。

これに関しては、ムハンマドの時代のある逸話が伝わっている――あるとき、ムハンマドと教友（ṣaḥābah：サハーバ。ムハンマドと同時代を生きた第一世代のムスリム）の一行が遠征から帰還する際、予定よりも早く、町の近くまで戻ってきてしまったことがあった。ムハンマドは、自分たちの帰還が町の人たちに知れ渡るまではけして町に入らないよう、同行者たちに通達した。ところが、ある二人の男がこれに従わず、早々に町に入り、おのおの自分の家に帰宅してしまう。帰宅した二人は、自分の妻の不貞が疑われるような現場に鉢合わせてしまったという。[5]

おもしろいことにこの逸話は、姦通を戒める文脈ではなく、むやみに予定外の日時に家に帰り家族の秘密を暴いてはならない、という文脈で言及される。不用意な言動で他人の秘密や醜行を暴いてしまうことは、たとえ相手が自分の配偶者であっても戒められることなのである。

現代においても、「妻のメールアカウントをこっそりと用いて、知人とやりとりしているメールの内容を読むことは許されるか」という質問に対し、「詮索してはならない」と教えるファトワー（fatwā：ウラマーの布告する教義回答）が布告されたりしている。

「自分に関係のないことに首をつっこまないことは、良き帰依者たることの一つ（一部）である」というムハンマドの言葉は、シャーフィイー法学派の大学者ナワウィー（Yahyā b. Sharaf al-Nawawī：一二三三年生まれ、一二七七年没）が、イスラーム教の基礎を構成するもっとも枢要な伝承を集めた『四〇の伝承』に含めたことでよく知られている。後進の学者たちは、この言葉に示された命題を、「イスラームの四分の一を成す」とも、「イスラームの半分を成す」とも、「イスラームのすべてである」とも評しており、イスラーム教的礼節の根幹を成すものとして重要視される。[6]

プライバシーへの配慮を強調する教説は、より包括的には、イスラーム教における「秘すること」を選好するエートスにも繋がってくる。

イスラーム教では、被害者の出ていない罪については、隠すことが推奨されている。ハッド刑（啓示により定められた法定刑）を科すことが定められた罪を犯したとしても、（細かいことを言えば、隠すことが好まれる条件について法学者間に詳細な議論があるものの）基本的には、その罪を犯したことを隠匿し、個人的・秘密裡に神に悔悟することがより好ましいとされる。有名な伝承によれば、ある男が姦通の罪を告白するためにムハンマドの許にやってきたとき、ムハンマドは顔をそむけて彼の言葉を無視し、「立ち去り、神に赦しを求め、悔悟しなさい」と述べたと伝えられている。

ムハンマドに伝わる伝承の中で、神は「よく秘する者（Sittīr）」との美称で呼ばれる。個人的な罪や欠点が人の目から隠されている状態は、神からの恵みと信じられているのである。

ふるまいの指針

イスラーム教は、内面の信仰だけではなく、外面の行為をも規定する宗教である、と説明（もしくは、それのみと誤解）されることがある。しかし、そこで想像される「外面の行為」は、礼拝をする、断食をする、近親者以外の前では特定の身体部位を隠すといった、一つひとつの具体的な義務行為であったり、豚肉を食べない、酒を飲まないといった、一つひとつの具体的な禁止行為であるように思われる。

筆者自身、日本で、「イスラーム教でやらなければならないことは何ですか」、「イスラーム教でやってはいけないことは何ですか」と尋ねられたことは一度だけではない。宗教（イスラーム教）が信者に求めることが、箇条書きにして列挙できる「戒律」のようなものであると想像する人が多いのかもしれない。

しかし、イスラーム教の教説には、義務行為・禁止行為だけでなく、ふるまいの指針も含まれている。その指針をどの程度重視するのかは人によっても異なってくるし、どのような形でそれが外的に表されるのかは、時と場所によっても変わってくる。一概に、「こうすべし」と一言で説明できるものではない。

預言者ムハンマドは、常に「礼節（adab）」を保って生きていた人間であると信者には信じられているが、この「礼節を保つ」というふるまいの指針も可変的である。ある伝承によれば、ムハンマドはあるとき、自宅で、上衣から足を出し、寝ころんだまま、側近のアブー・バクル（後の初代カリフ）とウマル（後の第二代カリフ）を迎え入れ、話をしていたという。[▼7] 一〇世紀の神秘家イブン・アター（Abū al-'Abbās Ibn 'Aṭā' al-Ādamī：九二二年没）は、「礼節の民の前で礼節を捨てることは、一つの礼節である」との箴言を残している。[8] 打ち解けた有徳者の前では、他人行儀なふるまい（一般的に礼節とみなされているふるまい）をあえて崩すことこそが、逆に礼節である、ということだ。この箴言の示すところは、現代にも通じるものがある。自分では仲良くなったつもりの相手が、いつまでも他人行儀だと水臭く感じるのは日本だけではないだろう。アメリカには、打ち解けた相手のことをファースト・ネームで呼ぶ習慣があるし、韓国には、パンマル（ため口）に切り替えて話をする文化がある。

　義務や禁止の外に広がるイスラーム教の礼節・エートス・作法の領域に目を向ければ、日本文化との共通項が広がっていくかもしれない。

註

▼1 フリードリヒ・ラゲット『アラブの住居——間取りや図解でわかるアラブ地域の住まいの仕組み』深見奈緒子訳、マール社、二〇一六年、五三頁。

▼2 Spahic Omer. 2010. *Islam and Housing*. A.S. Noordeen; Hisham Mortada. 2011. *Traditional Islamic Principles of Built Environment*. Routledge; Zulkeplee Othman, Rosemary Aird, and Laurie Buys. 2015. "Privacy, modesty, hospitality, and the design of Muslim homes: A literature review." *Frontiers of Architectural Research*. 4 (1). pp. 12–23.

▼3 Zulkeplee Othman, Laurie Buys, and Rosemary Aird. 2014. "Observing privacy, modesty and hospitality in the home domain: three case studies of Muslim homes in Brisbane, Australia." *International Journal of Architectural Research*. 8 (3). pp. 266–283.

▼4 Ibn Kathīr. 2000[2]. *al-Miṣbāḥ al-Munīr fī Tahdhīb Tafsīr Ibn Kathīr*. Dār al-Salām. p. 936. ただし、ムハンマドがそのようにしていたのは、当時の家屋に敷地の四方を覆うものがなかったためだとも言われる。したがって、ダマスカスのノックの作法は、この伝承を直接の典拠としているというよりも、プライバシーを侵害しないように命じる包括的な教説に根拠づけられていると考えた方がよいかもしれない。

▼5 Ibn Ḥajar al-ʻAsqalānī. n.d. *Fatḥ al-Bārī Sharḥ Ṣaḥīḥ al-Bukhārī*. al-Maktabah al-Salafīyah. Vol. 9. pp. 340–341. なお、この伝承の信憑性については批判的な立場もある（Ibn al-ʻArabī al-Mālikī. 1997. *ʻĀriḍah al-Aḥwadhī bi Sharḥ Ṣaḥīḥ al-Tirmidhī*. Dār al-Kutub al-ʻIlmīyah. Vol. 10. p. 131）。

▼6 Ibn Ḥajar al-Haytamī. 1902/3. *Fatḥ al-Mubīn li Sharḥ al-Arbaʻīn*. al-Maṭbaʻah al-ʻĀmirah al-Sharqīyah. p. 128.

▼7 『日訳　サヒーフ　ムスリム』第三巻、磯崎定基ほか訳、日本ムスリム協会、一九八九年、三九三頁。

▼8 Abū al-Qāsim al-Qushayrī. 2005. *al-Risālah al-Qushayrīyah*. Dār al-Kutub al-ʻIlmīyah. p. 319.

12 「イスラーム」vs.「イスラーム教」

イスラーム呼称問題

現代の日本語では、キリスト教や仏教とは異なり、イスラーム教を呼ぶときに用いる言葉は統一されていない。

①イスラム
②イスラーム
③イスラム教
④イスラーム教

大きく分けてこの四つの選択肢が存在する。筆者も、どの呼称を用いるべきか悩むときがある。ただし、呼称の選択を困難にする要因は、選択肢が多いということそれ自体にあるわけではない。今日、少なからぬ論者が、イスラーム教を名指すときにどの呼称を用いるべきかという議論に与している。つまり、特定の呼称を採用することを正当化する議論がなされたり、特定の呼称を選択することに批判がなげかけられたりもする。特に、「イスラーム」（あるいは「イスラム」）に、「教」という文字を付けるか否かという点についてそのような議論が目立つ。

いったい、「教」を付けないこと、あるいは付けることの、何が問題となるのだろうか。

そもそも、日本語では元来、イスラーム教を指すときには「イスラーム」とは異なる別の言葉が使われていた。この歴史的前提から確認しよう。

イスラーム教を最初に日本語で紹介したと目される人物は新井白石（一六五七年生まれ、一七二五年没）である。彼はその著作中で、イスラーム教を「回回（の教）」、および「マアゴメタン」という言葉で呼んでいる。[1]「回回」は、主に明代以降の中国においてイスラーム教を指して用いられるようになった言葉である。「回」という文字は、一説にはウイグル（回鶻・回紇）に由来すると言われる。[2]「マアゴメタン」は、白石が尋問したイタリア人のキリスト教宣教師シドッティ（Giovanni Battista Sidotti：一六六八年生まれ、一七一四年没）が発した言葉をそのまま書き取ったもので、「マホメット（ムハンマド）の教え」程度の意である。

中国で用いられた「回回」は日本でも定着した。明治以降、実に昭和後期に至るまで、日本ではイスラーム教を「回回教（フイフイ）」、「回回宗」、「回教（かい）」、あるいは「マホメット教」などの呼称で呼ぶのが一般的であった。

これらの呼称が用いられていた時代にも、カタカナの「イスラム」や「イスラーム」という言葉を使うことはあったが、その場合には、「教」の文字を付さずに書かれることも多かった。イスラーム教は、なぜ「教」の文字無しに表記されたのだろうか。

これは私説であるが、その理由の一つは、「イスラム」や「イスラーム」が、あくまで外国語の単語をカタカナ転写した文字列として認識されていたためであろう。

例証は多い。

政府関連機関発行のイスラーム教概説書、日本人ムスリムの著述、イスラーム教圏に関する新聞記事など、種々の媒体に書かれた多くの文章の中に、文章全体で「回教」表記を採用しつつも、アラビア語の「islām」や英語の「Islam」という単語を転写するときにのみ、「イスラム」、「イスラーム」というカタカナの文字列を登場させる例を確認することができる。[3]

一例だけ取り上げてみよう。初期日本人ムスリムとして有名な田中逸平は、「回教」という日本語の単語に対して「イスレアム」（ママ）というカタカナのルビを振っている。[4] 田中は、イスラーム教について記述するときに、日本語の単語に対してその単語に対応するアラビア語のカタカナ転写をルビで振る表現を好んだ。たとえば、「礼拝の方向（キブラ）」、「真主（アルラホ）」、「白衣（イヘレーム）」、「教長（イーマム）」、「念珠（テスビハ）」（すべてママ）といった具合である。[5] 「回教」という言葉に付された「イスレアム」とのルビも、アラビア語のカタカナ転写と考えてまず間違いない。

外国語として認識していたのであれば、「教」の文字を付さずに裸で「イスラム」と書く例が多かったのもまったく不思議ではない。新井白石が、イタリア人のシドッティから耳にした「マアゴメタン」という言葉をあくまで外国語として捉え、「マアゴメタン（の）教」などとは記さなかったことと同じ理屈である。

その後、「回教」という表記の使用頻度が下がり、「イスラム（教）」という表記が日本語の呼称として広く一般に用いられるようになるのは、昭和後期になってからのことである。[6]

ところで、「回教」表記が支配的だった時代にも、その後、「イスラム」表記が日本語として徐々に定着していった時期にも、多くの論者は、カタカナの「イスラム」という文字列に「教」の文字を付けるか否かという問題には関心を向けていなかった。

たとえば井筒俊彦は、一九四〇年代に書いた文章中で、「イスラム」、「イスラム教」、「回教」の表記を、まったく意味もなく混在させている。[7] 七〇年代以降の井筒は「教」を付けない「イスラーム」表記を好むようになるが、「教」の文字を付けないことについて直接的な説明を行なっているわけではない。「教」を付けるか否かの問題に直結する話題に及んでも、ほとんど素通りしている。[8]

おそらく、重要な問題とは認識しなかったのだろう。

井筒とほぼ同時代の蒲生礼一（東京外国語大学名誉教授、一九〇一年生まれ、一九七七年没）は、「イスラーム」表記と「イスラーム教」表記の両方を用いたが、その理由には言及していない。[9]

中村廣治郎（東京大学名誉教授、一九三六年生まれ、二〇二三年没）はその著作で、まさにイスラーム教を日本語でどのように呼ぶべきかという問題を検討している。その中で、「本書では〔……〕「イスラム」「イスラム教」を使用する」[10] との方針を明示し、わざわざ「イスラム」と「イスラム教」という二つの表記を列記しているにもかかわらず、「教」を付けるか否かという問題にはやはり触れていない。

さきほど述べたように、日本語には元来「回教」という言葉が存在し、「イスラーム」はその外国語の呼称のカタカナ転写として使われていた面が大きい。そのため、「イスラーム」という言葉が日本語に定着した後にも、「教」の文字を付さない「イスラーム」表記と、「教」を付す「イスラーム教」表記が共に用いられた。そして、この点について大きな問題提起が行なわれることはなかったのである。

しかし、今日において状況は一変している。

おもに九〇年代以降、イスラーム教に対する日本語の呼称の如何を、宗教の定義の問題や、日本においてイスラーム教をどのように表象すべきかという問題と絡める議論が拡大した。

主要な論者である小杉泰（立命館大学教授、一九五三年生まれ）は、「教」無しの「イスラーム」表記を支持し、この表記が採用されるべき理由を次の二点にまとめている。

一つは、イスラーム教の聖典クルアーンに「まことにアッラーの御許の教えはイスラームである」（第三章第一九節、傍点引用者）という章句があることと関連する。小杉は言う。「その一つの理由は、この章句にあるように、教えそのものをイスラームと名づけているからである。重ねて「教」を付けるのは、屋上屋を架す感が強い[11]」。

本邦では、この立場をとり、「「イスラーム」という言葉自体に「教え」の意味が含まれるため、「教」の文字を付けないのが適切である」と解説する例は少なくない[12]。

二つ目の理由――こちらがより本質的な理由である――は、イスラーム教が「宗教ではない領域」を包括するからであると言う。小杉は次のように書く。

> もう一つの理由は、イスラームが狭義のいわゆる宗教の範疇を超えて、社会のあらゆる面について守るべき規定を定めているからである。そのため、イスラーム政治とかイスラーム経済が登場するが、それをイスラーム教政治、イスラーム教経済というわけにもいかない。▼13

小杉と同じ立場をとる東長靖（京都大学教授、一九六〇年生まれ）は、これを以下のように説明する。

> われわれは宗教というと、個人の心の救いを第一義とするものと考え、政治や経済とは無縁なもの（もしくは無縁であるべきもの）と思っている。しかしイスラームはその本質上、つねに社会を問題にし、政治も経済もそのなかに包み込んできた。われわれの考える宗教の枠内にとどまらないのだ。〔……〕このようなわけで、われわれのふつうに理解する「宗教」の領域にとどまらないことを明示するために、イスラム「教」と呼ぶことを避けているといってよいだろう。▼14

イスラーム教を「宗教」以外の領域も射程に含めた思想体系あるいは文明と認識するこの立場は、今日、イスラーム教に関わる幅広い層の書き手に採用されている。

一方で、「教」を付けない「イスラーム」表記に対する批判も根強い。たとえば池内恵（東京大学教授、一九七三年生まれ）は、「イスラーム」という呼称の正当性を支持すること、加えて、「イスラームは単なる宗教ではない」と論じることは、他宗教に対するイスラーム教の優越を暗に認めることに繫がると論じ、これを批判する。

しかしイスラーム教の及ぶ範囲が西洋近代のキリスト教を範型（はんけい）として「宗教」とは異なる、というのであれば、世界のあらゆる宗教は何らかの意味でキリスト教的な「宗教」の範囲から外れる部分を含む。「イスラーム」のみを「単なる宗教ではない」と主張して「教」をつけないのであれば、「イスラーム」のみを別格の存在と見なし、「単なる宗教」に過ぎないとされる他の宗教への優越性を含む主観的な含意を分析概念に持たせることになる。〔……〕「イスラーム」のみに「教」をつけてはならない、というのはこのような翻訳過程の解釈において、イスラーム教だけに特殊な地位を与えるという判断を明示的に行っていることになる。[15]

他の宗教と並置して比較することを拒否し、イスラーム教のみを別格の存在とみなす論者の姿勢を問題視しているのである。

苅部直（東京大学教授、一九六五年生まれ）も同じように、「イスラーム」という呼称を採用することを、一部の書き手に見られる「イスラム教が特権的なすぐれた宗教であるかのように語る態度」と、直接的に結びつけている。[16]

このように、イスラーム教の呼称をめぐる対立は、イスラーム教について互いに異なるスタンスを採る論者同士の、全人的な対立の要素ともなっている。

とかく戦火の話題が付きまとうことの多い「イスラーム」という言葉であるが、日本の言説空間には、この宗教を名指すだけで散る火花がある。そのような語り難さの中で、「イスラーム」は名指されている。

「宗教」の領域、「イスラーム」の領域

対象をいずれかの名称で名指すだけで或る種の政治に巻き込まれてしまうこの状況は、書き手にとって好ましいものではない。それは同時に、読み手にとっての不利益ともなるだろう。

この問題をめぐる複数の立場を俯瞰することができれば、多少は見通しがよくなるかもしれない。ここではその一助として、幾名かの論客を取り上げ、「宗教（固有）の領域」という考え方をどう捉えているか、そして、それを「イスラームの領域」とどう対比させているかという視点から、いくつかの立場を図式化してみたい。

①池内モデル

まず、何らかの意味で「宗教の領域」を想定、肯定する立場として、池内と小杉および東長を挙げることができる。

池内は、「教」の文字を付した「イスラーム教」表記を支持している。彼は、イスラーム教を社会科学的な分析対象とするために、神学的観点から規定される「イスラーム」なるものを分節化し、「イスラーム教」の領域を抽出するべきだとの立場をとる。

なおこの論文では〔……〕「イスラーム教」「イスラーム思想」「イスラーム世界」「イスラーム史」といった分節化を行っていく。〔……〕

もし「イスラーム」を政治と宗教の区別のない実体であるととらえなければならないのであれば、その時点でもはや「政教関係」を対象化することは不可能となり、分析を始めること自体が困難となる。「イスラーム」が宗教的・思想的な観念の体系でありながら、同時にイスラーム史の政治社会的現実でもあるという観念を採用し、「イスラーム」から「政治」や「宗教」を分節化してはならないと主張し続けるのであれば、社会科学の分析方法を採用するのではなく、「イスラーム」で「イスラーム」をトートロジー的に規定する神学的方法を採用するしかない。「イスラーム」という用語を用いることによって、あらかじめ理念と現実の境界が不分明になってしまうのである。[17]

	「教」あり	「教」なし
「宗教の領域」の存在を「肯定」する	池内	小杉・東長
「宗教の領域」の存在を「肯定」せず	？　井筒	中田

図表1　四つの類型。出典：筆者作成

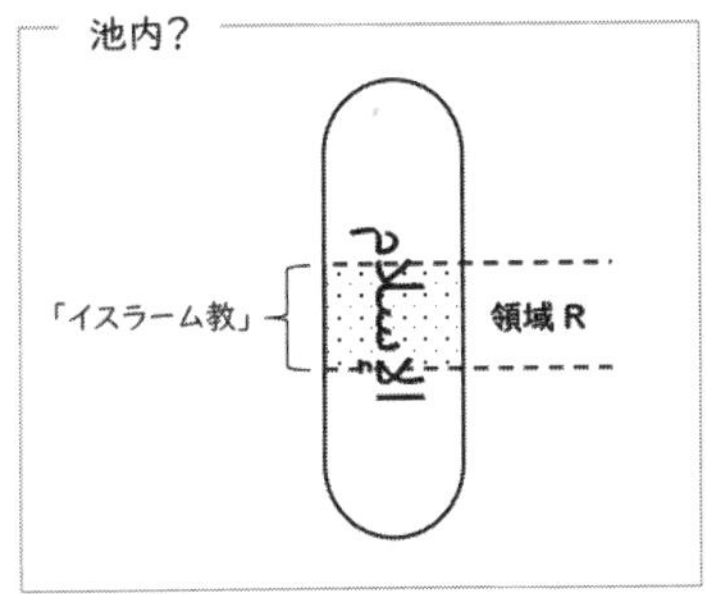

図表2　池内モデル。アラビア語部分は「イスラーム」。R は religion（宗教）の R。出典：筆者作成

池内において「イスラーム教」とは、ムスリムが神学的な意味で「イスラーム」と呼ぶものの総体の中に、「宗教」の領域がどのように組み込まれているのかを分析するために設定される概念であると言うことができる。

②小杉・東長モデル

一方、小杉および東長は、先の引用にあるように、「イスラーム」を、「狭義のいわゆる宗教の範疇」、「宗教の枠内」に留まらない、それを超える領域を包摂するものとして捉えている。小杉と東長においては、「イスラーム」が「宗教の領域」に収まらないために、「イスラーム」と呼ぶのが適切とされる。

池内モデルと小杉・東長モデルは、「宗教の領域」を措定する点では共通している（もちろん、何をもって宗教の領域となすのかで見解を違えることはあり得るだろうが）。二つのモデルの間の本質的な対立項は、ムスリムが「イスラーム」と呼ぶものの総体を、そのまま分析対象とすべきか否かにある。[18]小杉・東長はそれを肯定し（あるいはそのようにすべきだと言い）、池内は否定している。

③井筒モデル

池内、小杉・東長とは異なり、「宗教の領域」があらかじめ存在することを何らかの意味で否定する論者として、井筒と中田を挙げることができるだろう。

既述のように、井筒は「イスラーム」に「教」を付けるか否かについて特定の立場を提示していない。
一方で、「宗教」と「イスラーム」の関係については比較的饒舌である。彼は、イスラーム教は、日本で一般に考えられる「宗教」との間に開きがある、としながらも、固定的な「宗教の領域」が存在することを前提としなかった。彼は「イスラーム」を説明する際に、「世俗的、俗世間的と考えざるをえないような人間生活の日常茶飯事まで宗教の領域に入ります」、「生活の全部が宗教なのです」、「政治も、法律もそのまま宗教であります」[19]と強調した。

井筒はこれらの表現を繰り返し、イスラーム教が、「われわれが常識的に「宗教」として理解しているもの[20]」とは別の部分にも関わってくる、そういう形の宗教なのだということを説明しようと

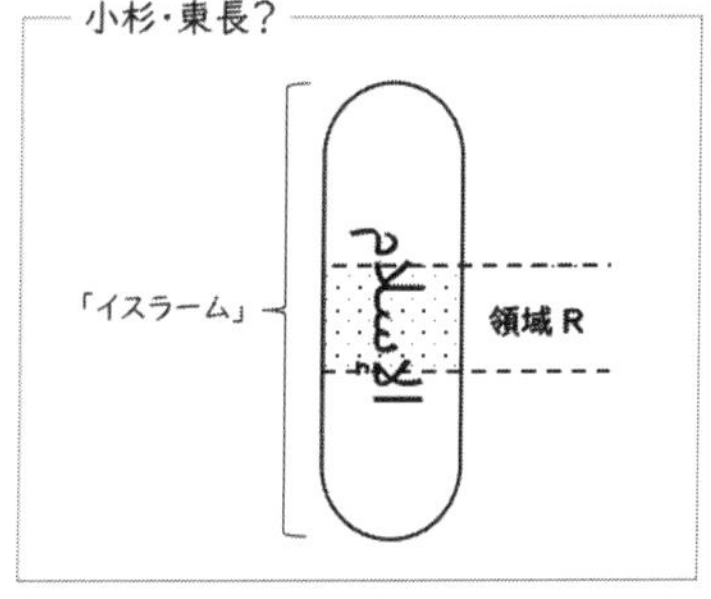

図表3　小杉・東長モデル。アラビア語部分は「イスラーム」。出典：筆者作成

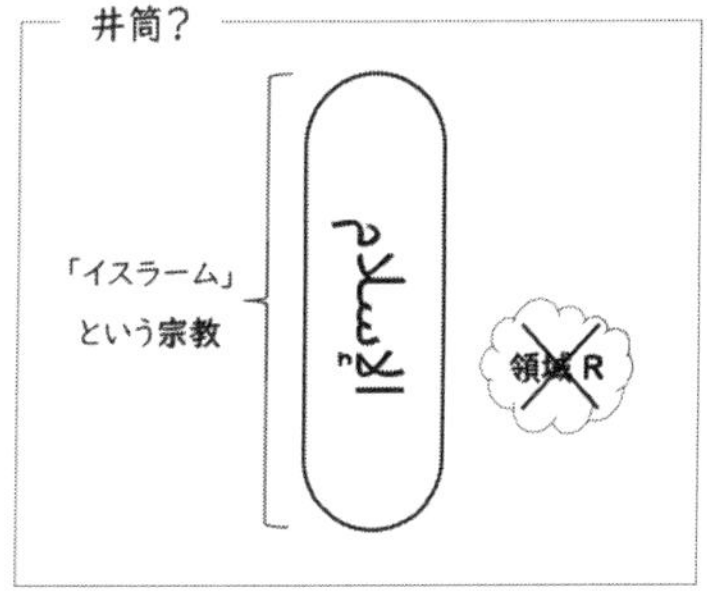

図表4　井筒モデル。アラビア語部分は「イスラーム」。出典：筆者作成

努めた。

④中田モデル

中田の立場は、「イスラームは宗教の領域に収まらない」と言い放つ、既存の宗教学のあり方への批判の中に見出すことができる。

中田によれば、現在の宗教学は、自らを記述的学問であると標榜しながらも、その内実は、特定の「宗教」の鋳型を奉じる規範科学であるという。宗教学者たちは、イスラーム教の存在が自らの規範的前提の障害になるため、「イスラームは宗教の領域に収まらない」などと主張し、宗教学の研究対象からイスラーム教を排除し、地域研究の場に追いやっている。[21]

なお、中田は「教」を付けない「イスラーム」表記を採用している。「教」を付けない理由は言明していないが、おそらく、宗教学が特定の鋳型の「宗教」を規範的前提とし、「イスラームは宗教ではない」と主張している以上、現状では、「教」を付けずに「イスラーム」と呼ばざるを得ない、ということになるだろうか。

⑤もう一つのモデル

以上、「宗教の領域」を認めるか否かという点を軸に類型化を行なったが、もう一つ、別の類型を考えることができる。すなわち、特定の「宗教の領域」の存在を認めない立場をとりながら、「教」付きの「イスラーム教」表記を採用する立場があり得る。図表1の「?・」のタイプである。

「教」無しの「イスラーム」表記を採用する中田も、本来は、イスラーム教が宗教学の研究対象となるべきであることを次のように書いている。

イスラームはキリスト教に次ぐ一二億とも言われる信徒人口を擁する世界第二位の「宗教」である。その世界第二位の「宗教」であるところの「イスラーム」にさえ適用することができないような「宗教」概念とは一体何なのであろうか。もしも西欧の「宗教学」が自ら理解するように規範的でなく記述的な学問であるとすれば、「現実」を記述できない概念は不適切であり、修正されなければならない。イスラームが「宗教」の概念に当てはまらないのなら、「宗教」の概念が修正されねばならないのである。[22]

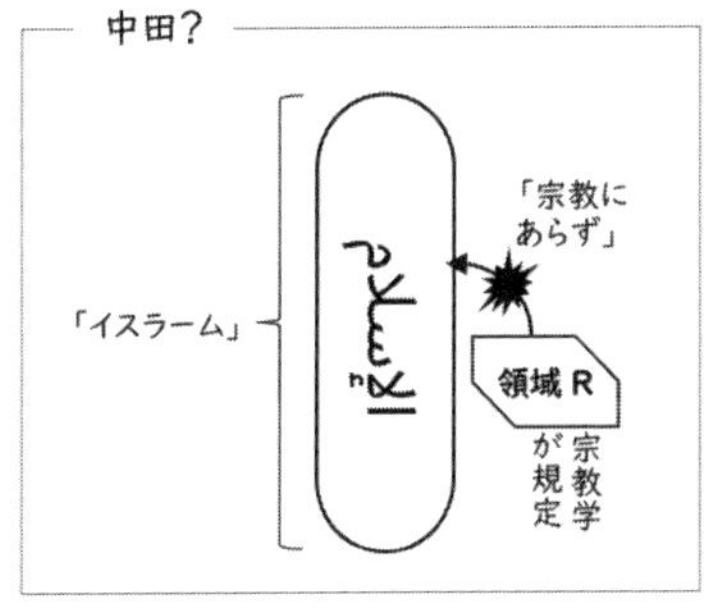

図表5　中田モデル。アラビア語部分は「イスラーム」。出典：筆者作成

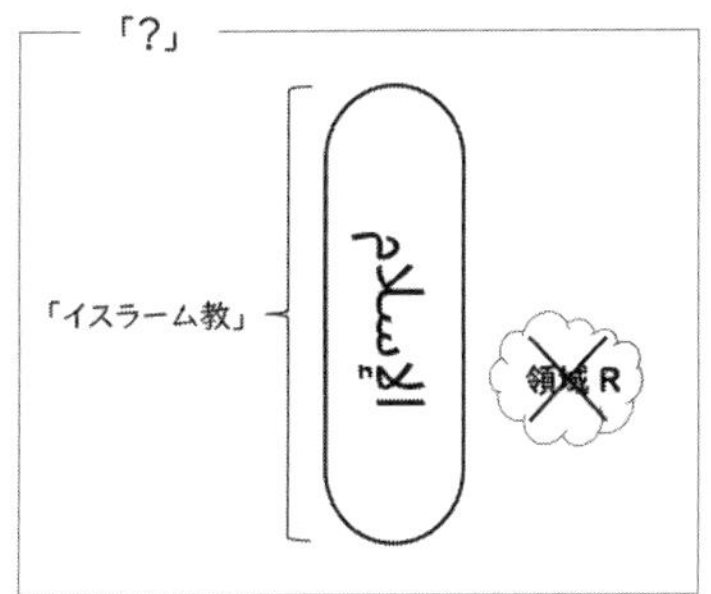

図表6　「？」モデル。アラビア語部分は「イスラーム」。出典：筆者作成

宗教学が、内実は規範科学であるにもかかわらず、自らを記述的学問だと詐称しているという中田の議論に立脚した場合にも、宗教学に批判的視線を向け続け、変化を促すために、あえて「教」を付けて、「イスラーム教」と呼び続ける道があり得るだろう。

註

▼1 新井白石『采覧異言』下巻、白石社、一八八一年、二から三頁。新井白石『西洋記聞』上巻、白石社、一八八二年、一二頁。同下巻、一七頁。

▼2 田坂興道『中國における回教の傳來とその弘通』上巻、東洋文庫、一九六四年、八一から八二頁。堀池信夫『中国イスラーム哲学の形成——王岱與研究』人文書院、二〇一二年、四九〇頁。金吉堂「中国回教史研究」外務省調査部訳、金吉堂・傳統先『中国回教史論叢』書肆心水、二〇一五年、二八から三三頁。なお、本来は特定地域を指すに過ぎなかった「回回」がイスラーム教という宗教の意味で用いられるようになる経緯については田坂興道『中國における回教の傳來とその弘通』上巻、八一から一〇五頁に詳しい。

▼3 たとえば以下の例などを参照。原正男『日本精神と回教』誠美書閣、一九四一年。小林不二男「回教精神は生きている」『読売新聞』一九六二年九月九日朝刊、九頁。回教圏攷究所編『回教圏史要』回教圏攷究所、一九四〇年、一から四頁。若林半『回教世界と日本』大日社、一九三八年、二三から二四頁。

ハンス・ハインリッヒ・シェーデル『回教に於ける個體』齋藤信治訳、理想社、一九四四年、一〇から一三頁。アミール・アリ『回教史』塚本五郎・武井武夫訳、善隣社、一九四二年、一二頁。佐久間貞次郎『回教解説』言海書房、一九三五年、八〇頁、八五頁、一〇〇頁、一三二頁、一五九頁、一九五頁、二二八から二二九頁。

回教圏研究所編『概観回教圏』誠文堂新光社、一九四二年、一一から一二頁や、大日本回教協會「回教の名稱考及教義信條の觀要」大日本回教協會、一九三九年、一から二頁、および、武藤欽『回々教大觀』日本女子美術学校出版部、一九四二年、九から一〇頁なども参照。

▼4 田中逸平「白雲遊記」前嶋信次編『メッカ』芙蓉書房、一九七五年、一六九頁。

▼5 同一八六頁、一八九頁、一九四頁。

▼6 具体的にはイラン・イスラーム革命が転機だったと考えられる。『読売新聞』と『朝日新聞』を見ると、一九六〇代から七〇年代には散見される程度だった「イスラム」、「イスラム教」表記が、一九七九年の革命を機に優位になっている。『毎日新聞』もほぼ同じ傾向を持つ。

▼7 井筒俊彦「イスラム思想史」『井筒俊彦全集　第一巻　アラビア哲学』慶應義塾大学出版会、二〇一三年、二四八から二五四頁など。

▼8 井筒俊彦『『コーラン』を読む』岩波現代文庫、二〇一五年、三一九頁。

▼9 蒲生礼一『イスラーム（回教）』岩波新書、一九五八年。

▼10 中村廣治郎『イスラム教入門』岩波新書、一九九八年、四頁。

▼11 小杉泰『イスラームとは何か――その宗教・社会・文化』講談社現代新書、一九九四年、一〇頁。

▼12 たとえば、塩尻和子監修・青柳かおる『面白いほどよくわかるイスラーム――教義・思想から歴史まで、

すべてを読み解く』日本文芸社、二〇〇七年、一頁、および、石井研士『プレステップ宗教学〈第2版〉』引文堂、二〇一六年、一六二頁。実際には、「イスラーム」という言葉は「服従」、「帰依」を意味し、その語義自体には「宗教」や「教え」の意味は含まれない。

▼13 小杉泰『イスラームとは何か』一一頁。

▼14 東長靖『イスラームのとらえ方』山川出版社、一九九六年、七から八頁、傍点引用者。

なお、「イスラーム教が宗教ではない領域も包摂する」との考え方自体は、日本により古くから存在する。たとえば大川周明『回教概論』慶應書房、一九四二年、一八二頁、二一九頁、二二四頁、二二七頁、および、蒲生礼一『イスラーム(回教)』二頁、および、梅棹忠夫『文明の生態史観』中公文庫、改版、一九九八年、二七一頁。

▼15 池内恵「イスラーム的宗教政治の構造」『増補新版　イスラーム世界の論じ方』中央公論新社、二〇一六年、一三九から一四〇頁。

▼16 苅部直「イスラム教の論理　飯山陽著　新潮新書」『読売新聞』二〇一八年三月一〇日朝刊、第一二面。

なお、「イスラーム」表記がイスラーム教の優位性の承認に直結するとの見解には、一言補足が必要かもしれない。筆者の感覚では、「イスラームは特殊性を持つ宗教である」との評価が下される場合、そこで優位に据えられているのはイスラーム教ではなく、むしろ、諸宗教の特殊性を測るための基準に選ばれた「特殊ではない」宗教――たとえばキリスト教――の方である。理念的な側面だけ見れば、「イスラームは特殊性を持つ宗教である」との評価を下すことは、イスラーム教の優位性ではなく、むしろその劣位性を前提とした主張と受け取ることもできる(この問題系については、中田考「宗教学とイスラーム研究――規範的アプローチの構築のための準備作業」『宗教研究』第七八巻二号、二〇〇四年、二四三から二六七頁、および、柴田大輔・中町信孝編著『イスラームは特殊か――西アジアの宗教と政治の系譜』勁草書房、二〇一八年、特にその「はじめに」を参照)。しかしながら、本邦における現実問題としては、「イスラーム」表記を採用し、「イスラームは宗教ではないものを包括する」と主張する陣営の中には、イスラーム教やその信徒の作り出した文化・文明の中に「肯定的」な価値を見出し、それを日本の読者に提示しようとする――少なくとも、論敵からはそのように認識される――論者が多いことは事実である。池内や苅部の批判は、そうした現実を背景に成立している。

▼17 池内恵「イスラーム的宗教政治の構造」一三九から一四〇頁。

▼18 小杉が、「イスラーム政治」や「イスラーム経済」という分節化は行なうにもかかわらず、(自らがその存在を認めるところの)「狭義の宗教の領域」については分節化を受け付けないのはなぜなのか、という疑問は残る。あるいは小杉は、「イスラーム法」や「イスラーム神学」などの概念によって、池内とは異なる方法で分節化を行なっているのかもしれない。

▼19 井筒俊彦「イスラーム文化――その根底にあるもの」『井筒俊彦全集　第七巻　イスラーム文化』慶應義塾大学出版会、二〇一四年、三四頁、傍点引用者。

▼20 同三三頁。

▼21 中田考「宗教学とイスラーム研究」。

▼22 同二四九頁。

付録③
「心を神に向けること」――イブン・カイイム『益』より

紹介　イブン・カイイム著『益（*al-Fawā'id*）』から、心を真摯に神に向けることの重要性について書かれた部分を一部抜粋し、邦訳した。

著者のイブン・カイイム・アル＝ジャウズィーヤ（Ibn Qayyim al-Jawzīyah：一二九二年生まれ、一三五〇年没）は、ハンバリー派のもっとも高名な学者の一人である。多分野で著作を残し、現代でも広く読まれている。同じくハンバリー派の高名な学者、イブン・タイミーヤ（Ibn Taymīyah al-Ḥarrānī：一二五八年生まれ、一三二六年没）の直弟子にあたる。

『益』は、人間がその心を浄化し、神に正しい礼節をもって向き合うことを説く箴言集である。オリジナリティーに溢れた著作というわけではなく、諸派に共有されるイスラーム教の標準的な教説が、平易な言葉で示されている。このような教説がムスリムの間では極めて一般的なものであることを示す目的で収録した。なお、小見出しは訳者（松山）による。

内容的には、本書の中では、イスラーム教が心の問題を論じないという説の誤りを指摘した「9　とあるイスラーム無理解の様相――行為か信仰か」に直接関係がある。また、「11　ノックの作法と秘する文化――信仰とふるまい」とも繋がり得る。

出典　「アッラーに心を向けること」: Ibn Qayyim al-Jawzīyah. 2008. *al-Fawā'id*. ed. by Muhammad 'Uzayr Shams. Dār 'Ālam al-Fawā'id. pp. 141–143.

「アッラーに向けてのみ不平を訴えること」: ibid. pp. 126–127.

「タワックル――身を委ねること」: ibid. pp. 124–126.

アッラーに心を向けること

あらゆる恵みの基礎は、アッラーが望み給うことは起こり、望み給わないことは起こらないことを、あなたが知ることとです。そうすれば、すべての善行が彼の恵みによってもたらされるものであることをあなたはたしかに知り、あなたは、〔あなたが為し得た〕善行について彼に感謝し、彼があなたからそれを断絶し給わないよう、彼に懇願するでしょう。そしてまた、すべての悪行は、彼のつきはなしと懲罰であることをあなたはたしかに知り、あなたは、あなたと〔あなたが犯す〕悪行との間を隔て給うようにと、また、善行をなすことと悪行を慎むことについて、彼があなたの身を、あなた自身に委ね給わないようにと、彼に哀願するでしょう。

アッラーをよく識る人たちは、みな一同に次のように言います。あらゆる恵みの正体は、アッラーがしもべに手を差し延べて下さることです。また、あらゆる悪しきものの正体は、アッラーがしもべをつきはなし給うことです。

そして彼らは、みな一同に次のようにも言います。アッラーが手を差し延べて下さるということの意味は、アッラーが、あなたの身を、あなた自身に委ね給わないということです。そして、アッラーがつきはなし給うということの意味は、アッラーが、あなたの身を、あなた自身の許に置き給うということです。

あらゆる恵みの正体が、アッラーがしもべに手を差し延べて下さることであるのですから、すべての恵みはアッラーの御手の中にこそあり、しもべの手中にはないということがわかります。それゆえ、恵みを開く鍵は、アッラーに対して祈ること（ドゥアー）であり、彼に乞い求めることであり、心を尽くして彼の許に逃げ込むことであり、彼を熱望することであり、彼を畏れることです。そうしてもし、この鍵がしもべに与えられたとすれば、それは、アッラーがそのしもべのために恵みを開くことを望み給うたということなのです。反対に、アッラーがしもべを迷わせ、その鍵から遠ざけ給うたとすれば、恵みの扉は彼を締め出して、閉じたままなのです。

信仰者たちの長、〔第二代カリフ〕ウマル・ブン・アル＝ハッターブ（アッラーが彼に満足し給うように）は言われました。「私は、何かを成就させようと気を揉むことはない。そうではなく、祈り（ドゥアー）を為すことに気を揉むものである。なぜなら、アッラーのお導きにより祈ることができたのであれば、成就はそれと共にあるからである」。

アッラーは、しもべが祈りに向ける意図、志、意志、望みの程度に応じて、彼に手を差し延べ、彼を助け給います。救いはアッラーからもたらされるものであり、しもべの志、堅固さ、熱望、畏れに応じて、しもべの上にもたらされます。同じように、その程度に応じて、しもべはアッラーからつきはなされます。

　崇高なるアッラーは、もっとも英明なる御方であり、もっとも知識ある御方であらせられます。ふさわしいところに手を差し延べ給い、ふさわしいところにつきはなしをもたらし給います。彼こそは知識ある御方であり、英明なる御方であらせられます。損なわれる者が損なわれるのは、ただその者が、感謝を怠り、乞い求めて祈ることを疎かにしたがためなのです。与えられる者が与えられるのは、ただその者が、感謝を果たし、乞い求め、祈ったためなのです。[▼1] そしてそれもまた、アッラーの意志と御助けによるものなのです。

　これらすべてのことの支柱は、忍耐です。なぜなら、信仰にとっての忍耐は、体にとっての頭のようなものだからです。頭を切断されれば、体が生きて残ることはありません。

　しもべの被る懲罰の内、心が硬く乾いていること、そして、アッラーから遠くあることよりも大きなものはありません。

火獄は、硬く乾いた心を溶かして柔らかくするために創られたのです。

アッラーからもっとも遠い心は、硬く乾いた心です。

心が硬く乾けば、涙も干からびてしまいます。

心が硬く乾く原因は、次の四つのことを、必要な程度を超えて行なうことです。その四つのこととは、食べること、眠ること、話すこと、人々と交わることです。

病に侵されると、食べ物も飲み物も、体を益さなくなります。これと同じように、心が欲望によって病んでしまうと、教戒の言葉も意味をなさなくなります。

心を清めたいと思うのであれば、自分の欲望よりも、アッラーを大切に思うことです。欲望に結びつけられた心は、それだけアッラーから遠ざけられます。

心は、アッラーの大地における、アッラーの器です。心はアッラーにとり、地上でもっとも好ましく、もっとも優美で、もっとも強固で、もっとも清いものです。

人々は現世の生活に心を忙しくしますが、もし彼らがアッラーと来世に心を忙しくするのであれば、アッラーの言葉（クルアーン）と、証された彼の諸々の恩寵の意味について深く考えるようになり、この世の人々に、たぐいまれな叡知と益をもたらすことになります。

心が、アッラーを念じることによって栄養を得、思慮によって渇きを潤し、紊乱から浄められたのなら、それは神秘を目にし、叡知を与えられます。

覚知と叡智への愛着を示し、それを自らの進む道であると信じる人すべてが、その恩恵に与ることができるわけではありません。覚知と叡智の民になることができるのは、欲心（ハワー）を殺すことによって、己の心を生かした人たちなのです。反対に、己の心を殺して、欲心を生かすような人たちの覚知と叡智は、口先のまがいものでしかありません。

心の荒廃は、〔来世の懲罰を〕侮ることと[2]、不注意によってもたらされます。対して、心の発展は、畏怖と、アッラーを想い起こすことによってもたらされます。

心が、現世の食卓から手を引くとき、来世へと呼び掛ける人々と共に、来世の食卓に座すことになります。しかし、心が現世の食卓に満足すれば、来世の食卓は心から離れていきます。

アッラーと出会うことへの熱望は、心に吹くそよかぜです。それは、現世の苦熱をやわらげます。自らの心をその主の御許に住まわせた人は安らぎを得ます。一方、人々のただ中に心を投げ込んだ人は乱れ、その苦悩は増します。

アッラーの愛は、現世への愛を持つ心に入ることはありません。それはちょうど、ラクダが、針の穴に入ることがないのと同じです。

アッラーがしもべを愛するとき、アッラーは、御自身のために彼を留め置き給い、アッラーへの愛のために彼を選び抜き給い、アッラーへの崇拝のために彼を専従させ給います。

アッラーに向けてのみ不平を訴えること

無知な人は、アッラーについての不平を、人々に向けて訴えます。これは、訴えている不平の内容と、不平を訴える相手についての無知の極致です。なぜなら、もし彼が彼の主を知っていれば、彼についての不平を訴えることはなく、またもし彼が人々について知っていれば、人々に向けて訴えることはないからです。

サラフ（salaf：模範とすべき初期の世代）のある人々は、ある男がある男に自分の貧困と困窮について不平を訴えているのを見て言いました。「そこの御仁。アッラーにかけて、あなたはただ、あなたに慈悲をかけることができない者に向けて、あなたに慈悲をかけ給う御方についての不平を訴えているに過ぎません」。

このことについては〔詩によって〕次のようにも言われています。

あなたがアダムの子（人間）に向けて不平を訴えたとき
慈悲をかけることができない者に向けて　慈悲をかけ給う御方についての不平を訴えたのだ

アッラーをよく識る人は、ただアッラーに向けてのみ、不平を訴えます。そして、アッラーをもっともよく識る人は、人々についての不平ではなく、自分自身についての不平を、アッラーに向けて訴えます。つまり彼は、人々が彼を抑圧することになる〔自分自身に具わる〕原因について、アッラーに訴えるのです。というのも、彼は、至高なるアッラーの次のような御言葉によく目を向けているからです。「そしておまえたちを襲う苦難は、おまえたちの手が稼いだものゆえである」（第四二章第三〇節）、「おまえに訪れる悪しきことはおまえ自身からである」（第四章第七九節）、「それなのに、おまえたちに苦難が襲うと、それに倍するものを得たことがあったにもかかわらず、おまえたちは「いったいこれはどうしたことか」と言うのか。言え、それはおまえたち自身の許から（出たもの）である」（第三章節第一六五節）。

つまりは、〔不平を訴えることは〕三つの段階に分かれます。もっとも下劣な段階は、アッラーについての不平を、その被造物に向けて訴えることです。もっとも崇高な段階は、自分自身についての不平を、アッラーに向けて訴えることです。その中間の段階は、アッラーの被造物についての不平を、アッラーに向けて訴えることです。

タワックル——身を委ねること[3]

アッラーへのタワックルは、二種類に分かれます。

一つは、しもべの必要なものや、現世における幸運を得ること、そして、しもべが嫌うものや、現世における災厄を退けることにおいて、アッラーにタワックルすることです。

もう一つは、信仰、確信、ジハード、アッラーへの呼びかけのような、アッラーが愛し、嘉し給うものを得ることにおいて、アッラーにタワックルすることです。

この二つのタワックルの間には、アッラーにしか知り得ないほど大きな差があります。しもべが二つ目のタワックルを行なえば、彼のタワックルは完成します。そうすれば、一つ目のタワックルも十二分に果たしたことになるのです。対して、二つ目のタワックルを行なわずに、一つ目のタワックルだけを果たした者は、〔二つ目のタワックルについては〕同じように十分に果たしたことになります。しかしながら、彼は、アッラーが愛し嘉し給うものを得ることにおいてアッラーにタワックルした者が得るものを得ることはできないのです。

そして、アッラーへのもっとも深いタワックルは、導きについて、唯一神崇拝への従事について、使徒への忠誠について、心の民が行なうジハードについて、タワックルすることです。これこそ、使徒たちと、彼らに追従した人たちが行なったタワックルなのです。

タワックルは、ときに、不可避的・強制的な形でなされることがあります。それはつまり、しもべが、タワックルすることの他に、いかなる逃げ場も、拠り所も見つけられないような場合です。たとえば、もはや万策が尽き、自分自身ではどうすることもできず、アッラーからアッラーへと逃げ場を求める以外に方法がないと思われるときのことです。このようなタワックルも、歓びと助けがもたらされるものであることに、違いはありません。

そして、タワックルはときに、選択的な形でなされるときがあります。このタワックルは、求めるもの（解決・目的）に至る方策が残されている状態で行なわれるタワックルです。

このとき、この方策が、それを行なうよう〔アッラーに〕命じられている類のものであるときは、その方策を実行しないことは、非難されるべきことです。同時に、その方策を実行した上で、タワックルを行なわなければ、タワックルを行なわなかったことでやはり非難されるのです。タワックルが義務となることは、ムスリム共同体の一致した見解と、クルアーンの明文に基づきます。両方（方策を講じることと、タワックルすること）を共に実行し、二つを重ね合わせなければならないのです。

そして、その方策が禁じられたものであるときは、それを講じることは禁じられます。その場合、彼が講じることができる残された方策は、ただタワックルすることのみです。タワックルこそ、求めるものを得、忌避するものを遠ざけるための、もっともたしかな方策です。いえ、それはどのようなものについても、もっともたしかな方策なのです。

そして、その方策が〔命じられても禁じられてもいない、単に〕許容されたものであるとき、あなたは、よく考える必要があります。はたして、その方策を講じることが、タワックルを弱めるだろうか、それとも、弱めないだろうか、と考えるのです。もしそれがタワックルを弱め、あなたの心を逸らし、意識を散らせるのであれば、方策を講じないことが、より好ましいことです。反対に、もしタワックルを弱めないのであれば、その方策を講じることが、より好ましいことです。なぜなら、方策と、方策によって得られるものの間の結びつきは、もっとも叡知ある御方（アッラー）の叡知によるものだからです。アッラーの叡智を無下にしてはなりません。その叡知を体現できるのであれば、いつでもそうすべきなのです。特に、あなたがそれを、崇拝行為として行なうことができる場合はなおさらです。そうすればあなたは、タワックルを通して、心で崇拝を果たし、同時に、崇拝を意図して講じた件（くだん）の方策を通して、体でも崇拝を果たすことができるのですから。

タワックルをたしかに行なったと言えるためには、行なうよう命じられた方策を行なわなければなりません。したがって、それを怠った人に、タワックルは成立していないのです。それはちょうど、恵みを得ることに繋がる方策を実行することが、彼が〔アッラーへの〕希望を抱いていると言えることと同じです。その方策を実行しない人は、希望を抱いているのではなく、漫然と夢想しているに過ぎません。同じように、行なうよう命じられた方策を無視する人は、タワックルと怠慢とが入れ替わってしまった人なのです。

タワックルの玄義とその本質は、アッラーただ御一人を、心の頼みとすることにあります。ですから、方策を心の頼みとせず、それに寄りすがることがないのであれば、方策を講じることがタワックルを害することはありません。それはちょうど、アッラー以外のものを心の頼みとし、それに寄りすがり、それに身を委ねながら、「私はアッラーにタワックルしています」と口先で言うことが、何の意味も持たないことと同じです。口先でのタワックル〔との発言〕と、心でのタワックルは別のものです。それはちょうど、心が〔罪に〕固執し続けていながら口先だけで悔い改めることと、言葉には発せずとも心では悔い改めていることが、別のものであることと同じです。つまり、しもべが、アッラー以外のものを心の頼みとしながら、「私はアッラーにタワックルしています」と言うことは、罪を犯し続けながら「私はアッラーに悔いて帰りました」と言うことと同じことなのです。

註

▼1　ここで「損なわれる」、「与えられる」と言われているのは、当然、現世における富や権勢の多少のことではない。

▼2　「（来世の懲罰を）侮ること（amn）」とは、来世の懲罰をまったく畏れず、自らが楽園に入ることを確信するような傲慢な態度をいう。アッラーがよく罪を赦す存在であると考えること（ḥusn al-ẓann bi Allāh）や、来世の処遇について希望を持つこと（rajā'）はムスリムの具えるべき徳目であるが、同時に、神と来世を畏れ、自らの罪や至らなさに目を向ける謙虚な態度が伴わなければならない。

▼3　タワックル（tawakkul）とはイスラーム教の重大な徳目の一つで、自身の身、行為の結果、待ち受ける運命などについて、神に委ね、任せきること。自分自身を神に委託すること。

あとがき

一部の研究者は、日本におけるイスラーモフォビア（イスラームに対する嫌悪感情）が深刻な状態にあることに警鐘を鳴らしている。イスラーム教を「危険な宗教」、「遅れた宗教」と考え、ムスリムを蔑視する国民が多いというのである。

多くの読者には、こうした認識は大げさなものに感じられるかもしれない。「イスラーム教と聞くと、テロや戦争などのマイナスなイメージを想起しがちである」、「暴力的な宗教だという印象を持ってしまいがちである」という決まり文句はよく使われるが、常日頃からイスラーム教に対して差別的な感情を抱き、イスラーム教を排除するために活動をしている人は、ほとんど想像することができない。

しかしながら、目に見えないレベルでは、ムスリムの排除を指向する力は日本にもたしかに存在する。いくつか具体例を指摘してみよう。

まず、日本の公的なレベルにおいて、「イスラーム」は、治安維持のために監視すべき対象として認識されている。国内にあるモスクなどの宗教施設、場合によっては特定の個人は、警視庁公安部や公安調査庁の「監視」対象となっている。二〇一〇年には、警視庁外事第三課が保有していた「内部資料」がネット上に流出する事件があり、国内のムスリムがテロリスト予備軍として捜査対象とされていたことが明らかとなった。この「内部資料」から読み取れる公安の捜査方法には、尾行による個人の行動の監視や、イスラーム教関連団体への潜入調査も含まれていた。

筆者の自宅の比較的近い場所にも二、三モスクがあるが、モスクによっては、毎週金曜日の集合礼拝の時間になると地元警察署などから派遣された警察職員が入り口に待機しており、この警察職員と顔を合わせなければ中に入ることができない。このような「監視」は、今日においても平然と行なわれている。

公的機関のこうした方針は、影響力のある複数の識者によっても正当化されており、「公安の取り締まりがなければ日本からテロリストが生まれてもおかしくない」、「イスラーム教にはテロリズムを生みだす内在的な要因がある」というメッセージが発信され続けている。

日常生活のレベルでも、日本に暮らすムスリムはマイクロ・アグレッションを受けている。警察官から頻繁に職務質問を受けた経験や、職場や学校で、あるいは、見知らぬ他人から大小の嫌がらせを受けた経験を持つ人は多い（もちろん、それらの嫌がらせは、必ずしもムスリムであるために向けられたものではなく、「外国人」に対する差別である場合も、「宗教の信者」一般に対する差別である場合もあるだろう。この種の差別は、複合的な要因に起因するのが常だ）。

モスクやムスリム墓地などの施設を建設する際には、周辺住民との間に必ず施設コンフリクトが生じる。「自分はイスラーム教に偏見を持っていない」と考えている人であっても、実際に自分の隣人としてムスリムを快く受け入れるかどうかはわからない。

これらの背景に加えて、今日においては、日本国民のマジョリティーによって抱かれている反「宗教」的な感情が、一部のジャーナリストや宗教学者によって、「弱者（宗教被害者）救済」の言説、「正義」の言説として表象される事態が生じている。この種の言説の中では、矛先を向けられた宗教の信者は「加害者」あるいは「マインド・コントロールされた被害者」とされており、独立した意志を持つ対等な主体として認められていない。そのため、マジョリティーの意向に沿った発言以外は、意味を持つ、耳を傾ける価値のある言葉として認めらず、宗教的マイノリティーとマジョリティーとの間に対話が成り立つ可能性がもとより排除されているのである。

今日の日本に見られるこうした反「宗教」主義的な排斥運動の矛先は、現時点では、（少なくとも明示的には）日本国内の一部新宗教にのみ向けられている。しかし、ムスリムへのバッシングを促すような「事件」が発生し、ムスリムの「危険性」を声高に訴える論客の後押しがあれば、その矛先はいつでも日本のムスリムにも向けられるだろう。日本においても、ムスリム一般に対する差別や暴力を惹き起こすようなトリガーが、いつ引かれてもおかしくない。

本書のタイトルには、このような（おそらく、当事者以外には大げさなものだと一笑されるであろう）憂惧の想いが込められている。

本書冒頭の「はじめに」において、「日本の読者に、イスラーム教について考えるための新しい視点を得ていただくこと」が本書の目的であると書いた。

本書がこの目的を果たすことができるのか否かを改めて考えると、まったく心許ない。個々のエッセイの内容に関して、また、「ニッポンのムスリムが自爆する時」というタイトルについても、ご意見がある読者もいると思う。

本書への批判を介してであれ、読者賢者により、右に書いたような本書の目的に繋がる議論が喚起されるのであれば幸いである。

本書に収めたエッセイの初出は以下の通りである（文頭の数字は本書に収めたエッセイの番号を指す）。

1　松山洋平「大日本帝国の汎イスラム主義者」『ゲンロンβ57』二〇二一年
2　松山洋平「アッラーのほか、仏なし」『ゲンロンβ63』二〇二一年
3　松山洋平「日本・イスラーム・文学」『ゲンロンβ69』二〇二二年
5　松山洋平「「共生のイスラーム法学」とは何か」東浩紀編『ゲンロン14』ゲンロン、二〇二三年、二三八から二四三頁
6　松山洋平「これからのクルアーン翻訳、あるいはアダプテーション」『ゲンロンβ79』二〇二二年
7　松山洋平「「不信仰の地」におけるイスラーム――マートゥリーディー学派における宣教未到達の民の信仰」『一神教世界』第五巻、二〇一四年、八九から一〇一頁
8　松山洋平「イスラミック・ポップとヨーロッパ」東浩紀編『ゲンロン10』ゲンロン、二〇一

九年、二八〇から二八四頁

9　松山洋平「イスラーム教と現代日本の宗教観」東浩紀編『ゲンロン13』ゲンロン、二〇二二年、四六五から四六九頁

11　松山洋平「ノックの作法と秘する文化」東浩紀編『ゲンロン12』二〇二一年、四五〇から四五四頁

12　松山洋平「「イスラム」VS.「イスラム教」」東浩紀編『ゲンロン11』二〇二〇年、三八七から三九一頁

いずれも、本書に収めるにあたり大小の加筆・修正を施している。また、本書の「4　ムスリムとの対話?」および「あとがき」は、松山洋平「ニッポンのムスリムが自爆するとき」(『ゲンロンβ76+77』二〇二二年)から一部文章を借りている。

本書のエッセイの多くは、株式会社ゲンロンの発行する媒体に掲載させていただいたものを元にしている。掲載時には、ゲンロンのスタッフの方々から有益なコメントを多々頂戴した。

また、作品社の福田隆雄様には、擱筆までの間、有益なご助言と励ましをいただいた。イラストレーターの無糖きな子様には魅力的なイラストをお描きいただいた。この場を借りて謝意を表したい。

松山洋平（まつやま・ようへい）
一九八四年、静岡県生まれ。東京外国語大学外国語学部南・西アジア課程アラビア語専攻卒業。東京外国語大学大学院総合国際学研究科博士後期課程修了。博士（学術）。現在、東京大学大学院人文社会系研究科（イスラム学研究室）准教授。著書に『イスラーム神学』（作品社）、『イスラーム思想を読みとく』（筑摩書房）など。

ニッポンのムスリムが自爆する時——日本・イスラーム・宗教

二〇二四年二月二〇日　初版第一刷印刷
二〇二四年二月二九日　初版第一刷発行

著　者　松山洋平
発行者　福田隆雄
発行所　株式会社作品社
〒一〇二‐〇〇七二　東京都千代田区飯田橋二‐七‐四
電話　〇三‐三二六二‐九七五三
ファクス　〇三‐三二六二‐九七五七
振替口座　〇〇一六〇‐三‐二七一八三
ウェブサイト　https://www.sakuhinsha.com

装幀　伊勢功治
イラスト　無糖きな子
本文・扉組版　大友哲郎
印刷・製本　シナノ印刷株式会社

Printed in Japan
ISBN978-4-86793-021-2　C0014

「ユダヤ」の世界史

一神教の誕生から民族国家の建設まで

臼杵 陽

「民族」と「宗教」で
世界の見方を深化させる

一神教の誕生、離散と定住、キリスト教・イスラームとの共存・対立、国際的ネットワークの展開、多彩な才能の開花、迫害の悲劇、国家建設の夢、現在の紛争・テロ問題……。統一性」と「多様性」をあわせもつ、かくも豊かな歴史。

イスラーム神学古典選集

松山洋平 編訳

イスラーム教徒は
どのような世界を生きているのか？
預言者ムハンマドから「イスラーム国」までを貫く、
イスラーム神学の論理とはなにか？

スンナ派、シーア派……様々な宗派は、はたして何を信じているのか？　宗派・学派の相違点を根本から学ぶための初めての基本信条の古典集。わが国のイスラーム認識に新しい礎石を積む。

イスラーム教の礼拝の方法を解説した
「礼拝の作法」所収